Luigi Pirandello

Luigi Pirandello

PENSACI, GIACOMINO!
LA RAGIONE
DEGLI ALTRI

Con la cronologia
della vita di Pirandello e dei suoi tempi
un'introduzione e una bibliografia
a cura di Corrado Simioni

ARNOLDO MONDADORI
EDITORE

Pensaci, Giacomino
© Noi e il mondo 1917
e Stefano, Lietta, Fausto Pirandello 1945
La ragione degli altri
© Nuova Antologia 1916 col titolo "Se non così"
e Stefano, Lietta, Fausto Pirandello 1944
© 1949 Arnoldo Mondadori Editore S.p.A., Milano
per la raccolta di tutto il teatro in lingua italiana di Luigi Pirandello
I edizione B.M.M. giugno 1949
7 edizioni Oscar Mondadori
I edizione Oscar Teatro e Cinema luglio 1984
V ristampa Oscar Teatro luglio 1990

ISBN 88-04-34186-6

Sommario

Cronologia
della vita di Pirandello e dei suoi tempi

Introduzione

Bibliografia

Alcuni giudizi critici

La vita e le opere (1867-1936)

1867-1879	Luigi Pirandello nasce a Girgenti – poi Agrigento – il 28 giugno 1867 da Caterina Ricci-Gramitto e da Stefano Pirandello. La madre proveniva da una famiglia che aveva partecipato alle lotte antiborboniche e per l'unità d'Italia. Il padre Stefano era stato garibaldino. Luigi trascorse la sua prima infanzia tra Girgenti e Porto Empedocle, sul mare. Assiduo lettore di romanzi, a dodici anni scrive una tragedia in cinque atti che rappresentò con le sorelle e gli amici.
1880-1886	Il padre, vittima di una frode, cade in dissesto, e la famiglia si trasferisce a Palermo. Nascono in Pirandello, fanciullo e poi adolescente, le prime appassionate accensioni sentimentali; comincia, in quegli anni, la sua preparazione umanistica e si palesa la sua vocazione letteraria. Nel 1885 la famiglia si stabilisce a Porto Empedocle e Luigi rimane a Palermo, dove, lo stesso anno, termina il liceo. Ritornato a Porto Empedocle prende coscienza della realtà umana e sociale delle solfatare. Si iscrive alle facoltà di legge e di lettere a Palermo, dove conosce alcuni dei futuri dirigenti dei Fasci siciliani.

La vita politica e sociale	*La vita letteraria e artistica*
Sono gli anni in cui l'Italia unificata deve affrontare gravi problemi. La questione romana divide gli italiani sul piano politico e religioso. La guerra franco-prussiana consente all'esercito italiano di entrare in Roma, che diventa capitale del regno. Si attua in questi anni il passaggio dal governo della Destra a quello della Sinistra, guidata da Depretis, con il suo cosiddetto "trasformismo". Nel 1878 muore Vittorio Emanuele II.	Nascono in questi anni Trilussa, Marinetti, la Deledda, Proust e Thomas Mann. Nel 1873 muore Manzoni. Nel 1870-1871 viene pubblicata la *Storia della letteratura italiana* di De Sanctis; nel 1872 il *Teatro italiano contemporaneo* di Luigi Capuana, manifesto del verismo italiano. Carducci pubblica *Giambi ed epodi* e le *Odi barbare*. La letteratura europea si arricchisce di nuove opere di Dostoevskij, Flaubert, Ibsen, Tolstoj, Zola.
Il "trasformismo" di Depretis riesce a dare un governo stabile al paese, ma non ne risolve i problemi: primo fra tutti quello sociale. Si rafforza il movimento operaio e nelle elezioni dell'82 si verificano i primi successi socialisti. L'Italia stringe con Germania e Austria la Triplice Alleanza, mentre nel paese prendono forza le correnti militariste. Garibaldi muore nel 1882.	Nascono Saba, Tozzi, Gozzano, Joyce, Kafka, Lukàcs, Pound. Mentre Carducci domina nella cultura letteraria italiana, comincia a emergere D'Annunzio, che pubblica nel 1882 *Canto novo*, e quindi *Intermezzo di rime* e i migliori racconti. Verga pubblica alcuni tra i suoi capolavori: *Vita dei campi* (1880), *I Malavoglia* (1881), le *Novelle rusticane* (1883). *Cavalleria rusticana* viene rappresentata per la prima volta nel 1884. Tra il 1882 e il 1886 si diffonde il termine "decadente" per indicare le opere di poeti come Verlaine e Mallarmé. Nel 1883 Nietzsche pubblica *Così parlò Zaratustra*.

1887-1891	Nel novembre del 1887 si iscrive all'Università di Roma. Vive alcuni mesi in casa dello zio Rocco, luogotenente di Garibaldi ad Aspromonte. Scrive in questo periodo alcune opere teatrali che sono andate perdute. Nell' '89 pubblica *Mal giocondo*, una raccolta di poesie. In seguito a un incidente con un insegnante decide di abbandonare l'università di Roma e continua gli studi a Bonn, dove scrive le liriche raccolte in *Elegie renane* e *Pasqua di Gea*. Il 21 marzo 1891 si laurea con una tesi sugli sviluppi fonetici dei dialetti greco-siculi.
1892-1902	Rientrato a Roma, collabora a diverse riviste letterarie. Il 27 gennaio 1894 sposa a Girgenti Maria Antonietta Portulano. Fra il 1895 e il 1899 nascono tre figli: Stefano, Lietta e Fausto. Nel 1894 pubblica una prima raccolta di novelle *Amori senza amore*. Dal 1897 insegna letteratura italiana all'Istituto superiore di Magistero. Nel 1898 stampa sulla rivista "Ariel" il primo testo teatrale, un atto unico dal titolo *L'epilogo*, poi ribattezzato *La morsa*. Nel 1901 pubblica il romanzo *L'esclusa* e nel 1902 *Il turno*.

Primo ministero Crispi, che intraprende la politica coloniale. Si allarga in Italia e in Europa la questione sociale: nelle maggiori città italiane si costituiscono le prime Camere del Lavoro. Nel 1889 vengono fondati a Messina i Fasci siciliani, che si estendono poi a Catania e a Palermo.

In Italia, accanto a Carducci, si riafferma il valore delle opere di D'Annunzio e si rivela quello della poesia pascoliana. Nel 1888 De Marchi pubblica il *Demetrio Pianelli*; nel 1889 appaiono il *Mastro-don Gesualdo* di Verga e *Il piacere* di D'Annunzio. Si stampano le opere dei filosofi Henri Bergson e William James. Sulle scene italiane primeggiano gli attori Zacconi e Salvini con un repertorio che comprende Giacosa, Praga, Bertolazzi, Shakespeare e Ibsen. L'attività drammaturgica di Ibsen e Strindberg continua ad affermarsi. Comincia in questi anni a prendere rilievo la personalità di Stanislavskij, che fonda il Circolo moscovita di arte e letteratura.

Nel 1893 si produce in tutta la Sicilia un'impetuosa agitazione sociale. Nello stesso anno avviene lo scandalo della Banca Romana. Nel 1894, in seguito a gravi disordini, viene proclamato lo stato d'assedio per l'intiera Sicilia. Nel 1898 la tensione sociale in Italia si aggrava: a Milano il generale Bava Beccaris dichiara lo stato d'assedio, e molti cittadini cadono vittime della repressione mili-

Muoiono in questo periodo Daudet, De Marchi, Zola. Nascono Corrado Alvaro, Montale, Quasimodo, Majakovskij, Brecht. In Italia si pubblicano *I vicerè* di De Roberto (1894), *Piccolo mondo antico* di Fogazzaro (1895), *Senilità* di Svevo (1898), *Il Marchese di Roccaverdina* di Capuana (1901). Thomas Mann pubblica *I Buddenbrook* (1901), Maurice Blondel *L'azione* (1893), Bergson

1903-1910   Una frana allaga all'improvviso la zolfara nella quale il padre di Pirandello aveva investito i suoi averi e la dote di Maria Antonietta. Lo scrittore si trova in gravi difficoltà economiche e sembra pensare al suicidio. Forse sulla base di questa esperienza scrive *Il fu Mattia Pascal* (1904). Moltiplica il suo lavoro letterario. Continua a collaborare al "Marzocco" e alla "Nuova antologia" e comincia a dare lezioni private di tedesco e di italiano: una vita di intenso lavoro. Nel 1908 viene nominato ordinario dell'Istituto superiore di Magistero; nello stesso anno scrive due saggi: *L'umorismo* e *Arte e scienza*. Ne nasce una lunga polemica con Benedetto Croce. Il successo del *Fu Mattia Pascal*, tradotto subito in varie lingue, vale a Pirandello l'ingresso nella importante Casa editrice Treves. Collabora alla rivista "Trisettimanale politico-militare" e successivamente al "Corriere della Sera". Nel 1909 pubblica sulla "Rassegna contemporanea" il romanzo *I vecchi e i giovani*. Il 9 dicembre 1910 tare. 1900: Umberto I è ucciso a Monza dall'anarchico Bresci.

Materia e memoria (1896), James *La volontà di credere* (1897), Bergson *Il riso* (1900), Croce *L'Estetica* (1902). Sulle scene italiane vengono rappresentati *Come le foglie* di Giacosa, *Cirano di Bergerac* di Rostand e *Romanticismo* di Rovetta. Eleonora Duse porta sulle scene i primi drammi di D'Annunzio. Nel 1898 Stanislavskij fonda il Teatro d'Arte di Mosca: si rappresentano opere di Ibsen, Gorkij, e soprattutto di Cechov.

Dopo la caduta – 1903 – del ministero Zanardelli, l'Italia si riaccosta alla Francia. La vita politica italiana è dominata per oltre un decennio da Giolitti. Il distacco progressivo dagli imperi centrali è stimolato dal nazionalismo. All'interno si inizia una politica di apertura sociale e viene richiesto il suffragio universale. In questi anni l'Italia progredisce economicamente e socialmente; aumenta tuttavia la sperequazione economica tra nord e sud. Giolitti tenta di assorbire sul piano parlamentare le forze socialiste.

Nascono in questo periodo Brancati, Moravia, Vittorini, Pavese e Sartre. Muoiono Ibsen, Cechov e Jarry, Carducci e Tolstoj. Pascoli eredita la cattedra di Carducci a Bologna. Il 20 febbraio 1909 Marinetti pubblica il primo manifesto del futurismo. Prezzolini e De Robertis fondano "La voce". Sulle scene vengono rappresentate opere di D'Annunzio e di Sem Benelli. Stanislavskij allestisce con Gordon Craig un memorabile *Amleto*, che esemplifica tutte le nuove teorie rappresentative. Freud pubblica i *Tre saggi sulla teoria della sessualità*; nel 1908 si tiene a Salisburgo il primo convegno sulla psicoanalisi.

vengono rappresentati al Teatro Metastasio di Roma gli atti unici *La morsa* e *Lumìe di Sicilia*. Nel 1910 pubblica la raccolta di novelle *La vita nuda*.

1911-1917	Nel 1913 riscrive *I vecchi e i giovani*, che viene pubblicato in volume da Treves. Nel 1912 pubblica la raccolta di novelle *Terzetti*. *La trappola*, altra raccolta di novelle, esce nel 1915, sempre per le edizioni Treves. Tra il 1912 e il 1915 scrive una cinquantina di novelle, tra cui *Berecche e la guerra*, in parte pubblicate su rivista, le più raccolte in volume. Nel luglio del 1916 Angelo Musco porta al successo *Pensaci, Giacomino!* Pirandello, stimolato dall'esito della commedia, scrive altre opere teatrali: *Il berretto a sonagli* e *Liolà*, entrambe rappresentate da Musco. Nel 1917 scrive le commedie: *Così è (se vi pare)*, *Il berretto a sonagli*, *La giara* e *Il piacere dell'onestà*, che vengono rappresentate lo stesso anno. Queste opere segnano il passaggio dal verismo all'arte propriamente pirandelliana. Nel 1915 gli muore la madre, e si aggrava la malattia psichica della moglie. Inoltre il figlio Stefano viene inviato al fronte e cade prigioniero.

La guerra di Libia – 1911-1912 – termina con la vittoria italiana sulla Turchia. L'introduzione del suffragio universale e il ritiro dell'appoggio da parte dei socialisti porta Giolitti ad accostarsi ai cattolici. Le elezioni del 1913 vedono la vittoria del blocco clerico-moderato, che dà al governo una impronta conservatrice. Nel 1914 avvengono in Italia gravi disordini sociali, mentre scoppia la prima guerra mondiale. L'Italia interviene nel 1915. Nel 1917 l'esercito italiano subisce la sconfitta di Caporetto. In Russia trionfa la rivoluzione bolscevica.

Muoiono in questo periodo Fogazzaro, Pascoli, Graf, Capuana, Tommaso Salvini, Gozzano e Strindberg. Poeti come Palazzeschi e Gozzano, Saba, Rebora, Campana, Ungaretti, Cardarelli, Bacchelli segnano, insieme ai nuovi pensatori, una rigogliosa fioritura letteraria. Il neoidealismo di Gentile e di Croce si è ormai affermato sulle vecchie correnti positivistiche. Dopo che nel 1910 Marinetti, Carrà, Boccioni, Balla, Russolo e Severini hanno pubblicato il primo manifesto della pittura futurista, nel 1912 appare il Manifesto tecnico della letteratura futurista. Nascono nel frattempo in Russia i gruppi egofuturisti e cubofuturisti. Majakovskij scrive nel 1913 il suo primo testo teatrale: *Vladimir Majakovskij*. Viene fondata l'Associazione internazionale di psicoanalisi. Nel 1913 comincia la pubblicazione della *Ricerca del tempo perduto* di Proust. Lo stesso anno Einstein diffonde la teoria della relatività.

1918-1922	Scrive *Il giuoco delle parti* e *Ma non è una cosa seria*, portati in scena rispettivamente da Ruggero Ruggeri e da Emma Gramatica sul finire del 1918. Presso Treves esce il volume di novelle *Un cavallo nella luna*. Nel 1920 lascia l'editore Treves e diventa autore di Bemporad. Il 10 maggio 1921 Dario Niccodemi rappresenta *Sei personaggi in cerca d'autore*, che provoca contrasti nel pubblico e nella critica. Nel 1921 la figlia Lietta si sposa e si trasferisce nel Cile. Il 24 febbraio 1922 viene rappresentato l'*Enrico IV*, mentre altre sue opere entrano nel repertorio di molte compagnie italiane. Nello stesso anno scrive *Vestire gli ignudi*, mentre a Londra e a New York vengono rappresentati i *Sei personaggi in cerca d'autore*. Sempre nel 1922, Adriano Tilgher, amico e ammiratore di Pirandello, pubblica *Studi sul teatro contemporaneo*, opera che pone le basi della critica pirandelliana.
1923-1930	Prosegue la febbrile attività letteraria di Pirandello: fra il '22 e il '23 scrive gli atti unici *All'uscita*, *L'imbecille*, *L'uomo dal fiore in bocca* e *L'altro figlio*, e la commedia in tre atti *La vita che ti diedi*. Nel 1924 scrive per il teatro *Ciascuno a suo modo*, nel 1927 *Diana e la Tuda*, nel 1929 *Lazzaro*, nel 1930 *Come tu mi vuoi* e

Conclusa vittoriosamente la guerra, l'Italia entra in uno tra i periodi più tormentati della sua storia. Il ritorno di Giolitti al governo non ristabilisce l'equilibrio politico. Mentre gran parte dell'Europa è scossa dalla lotta tra forze rivoluzionarie e forze conservatrici o reazionarie, in Italia le agitazioni prendono caratteri di violenza particolarmente aspri e prolungati. Nascono il Partito popolare e il Partito comunista. L'impresa dannunziana a Fiume e i timori della piccola e media borghesia favoriscono le correnti nazionalistiche. Mussolini guida il movimento fascista che giunge al potere nel 1922. In Germania la lotta politico-sociale mette già in pericolo la repubblica di Weimar che ha raccolto la eredità del disciolto impero germanico. La Società delle Nazioni, fondata nel 1920, si mostra incapace di ristabilire un equilibrio mondiale.

Muoiono Tozzi, Verga, Wedekind, Proust. Anche in Italia si diffondono le esperienze di avanguardia europee. Si pubblicano le raccolte di poesia di Ungaretti. Sulle scene appaiono i drammi di Bontempelli e di Rosso di San Secondo, nei quali è evidente l'influenza di Pirandello. Dal 1919 al 1923 esce a Roma la rivista "La Ronda". Nel 1918 Simmel pubblica *Il conflitto della civiltà moderna*, e Joyce, nel 1922, l'*Ulisse*. In questi anni Brecht scrive e rappresenta i suoi primi drammi. In Russia fioriscono, favoriti dalla rivoluzione, gli esperimenti teatrali di Majakovskij e di Mejerchol'd. Vengono pubblicate alcune opere fondamentali di Freud e di Jung.

Superata la crisi per l'assassinio di Matteotti (1924), che sembrava aver segnato la condanna definitiva per il governo fascista, Mussolini rafforza il suo potere. Nel 1925 viene soppressa ogni libertà, e negli

Muoiono De Roberto, Italo Svevo, Marco Praga. Si pubblicano *Ossi di seppia* di Montale (1925), *Gente di Aspromonte* di Corrado Alvaro (1930), *Gli indifferenti* di Moravia (1929). Tatiana Pavlova

Questa sera si recita a soggetto. Contemporaneamente riprende a scrivere novelle e romanzi: nel 1926 pubblica *Uno, nessuno e centomila*. Stefano Pirandello, Orio Vergani, Massimo Bontempelli e altri fondano a Roma un Teatro d'Arte: la direzione artistica è assunta da Pirandello. In questa Compagnia debutta Marta Abba, la giovanissima interprete che diverrà l'ispiratrice dell'opera di Luigi Pirandello degli ultimi anni. Nel 1928, scioltasi la Compagnia Pirandelliana, Marta Abba formerà, poi, una propria Compagnia che porterà ovunque il teatro di Luigi Pirandello.

anni seguenti tutte le organizzazioni democratiche sono sciolte. Il crollo della Borsa di New York porta, nel 1929, a una gravissima crisi mondiale.

porta in Italia la lezione del teatro russo. Nel 1925 Gentile e altri intellettuali sottoscrivono il Manifesto degli intellettuali fascisti, e Umberto Fracchia fonda la "Fiera letteraria". Sempre nel 1925 Kafka pubblica *Il castello*. Mentre in Francia si affermano i surrealisti, il cui testo teatrale principale è *Victor, o i bambini al potere*, in Germania si diffondono le esperienze dadaiste ed espressioniste. Toller rappresenta *Uomo massa* e Goering *Battaglia navale*. Piscator fonda il Teatro politico, in cui l'arte viene bandita per far posto alla politica, e Brecht pubblica nel 1926 la sua prima raccolta di poesie; scrive in seguito una serie di drammi, il più famoso dei quali, *L'opera da tre soldi*, viene rappresentato, oltre che in Germania, anche in Italia da Anton Giulio Bragaglia. Si affermano i nuovi scrittori americani: Hemingway, Scott Fitzgerald, Dos Passos, Faulkner. Si diffonde il cinema come mezzo espressivo: emergono Eisenstein, Pudovkin, Pabst, Chaplin. In Russia lo stalinismo comprime il fervore creativo del periodo rivoluzionario. Comunque Majakovskij

1931-1936   Il successo internazionale del suo teatro induce
             Pirandello a viaggiare ininterrottamente. Sono
             forse gli anni migliori della sua vita. Il 9 novem-
             bre 1934 riceve a Stoccolma il Premio Nobel
             per la letteratura. Scrive i drammi *Trovarsi*
             (1932), *Quando si è qualcuno* (1933), *Non si sa
             come* (1934) e *I giganti della montagna*, che re-
             sta incompiuto e andrà in scena, postumo, a Bo-
             boli il 5 giugno 1937. Scrive inoltre un soggetto
             cinematografico e un libretto d'opera. Muore il
             10 dicembre 1936.

rappresenta *La cimice e il bagno* (1930); qualche settimana dopo si uccide.

Germania, Austria e Portogallo cadono a loro volta sotto regimi fascisti; in Russia lo stalinismo soffoca ogni fermento di libertà politica e culturale. L'Italia invade l'Etiopia e dopo averla conquistata (1935-'36) si trasforma in "impero". Hitler riarma la Germania e si appresta a scatenare l'attacco contro le nazioni democratiche e l'Unione sovietica. Ha inizio la guerra di Spagna.

Muoiono in questi anni Dino Campana, Di Giacomo, Grazia Deledda, Gor'kij e Unamuno. In Italia si pubblicano opere di Saba, Ungaretti, Cardarelli, Moravia, Bacchelli, Cecchi, Quasimodo e Gadda. Compaiono sulla scena letteraria anche Vittorini e Pavese. In campo teatrale si rappresentano opere di De Filippo e di Viviani, attori e drammaturghi. In questi anni il trionfo delle dittature arreca un danno irreparabile alla cultura europea: in Italia sono arrestati Giulio Einaudi, Pavese e Ginzburg, in Germania sono proscritti i maggiori scrittori, in Spagna viene ucciso Garcia Lorca. Nel 1934 si pubblica *Il pensiero* di Blondel, e *Assassinio nella cattedrale* di Eliot.

Introduzione

Il teatro di Pirandello

Nel luglio del 1916, dopo il fortunato esito di *Pensaci, Giacomino!*, Pirandello scriveva al figlio Stefano: "... La commedia *Pensaci, Giacomino!* ha avuto una serie di repliche con esito felicissimo e correrà certo la penisola trionfalmente. Musco è entusiasta della parte... Ho preso l'impegno di scrivergli un'altra commedia per il prossimo ottobre, e spero di mantenerlo, benché il teatro, come tu sai, mi tenti poco". E in effetti Pirandello giunse al teatro relativamente tardi, dopo aver scritto alcuni romanzi e centinaia di novelle, e quasi controvoglia. Tuttavia il teatro costituì, in qualche misura, lo sbocco naturale dell'arte pirandelliana. Non solo perché all'epoca in cui Pirandello si dedicò precipuamente alla composizione drammatica – gli anni intorno alla prima guerra mondiale – le novelle contenevano già un impianto teatrale fatto di intensi, quasi frenetici dialoghi, ma anche perché tutto lo sviluppo della sua tematica artistica conteneva un elemento di "teatralità": il concetto cardine del suo pensiero estetico, quello di umorismo – così com'egli lo aveva elaborato nel saggio *L'umorismo* del 1908 – sfociava nel convincimento che la vita fosse una "buffonata", una finzione molto simile a quella che si svolge sul palcoscenico. Da questo punto di vista appare assai poco accettabile la tesi esposta da Luigi Russo, secondo la quale: "Il teatro, succeduto nella vita spirituale dell'artista quand'egli aveva in gran parte vuotato la sua anima e dato sfogo alle sue più genuine ispirazioni, non poteva essere che una forma divulgativa o una complicazione intellettuale del primitivo problema artistico". È indubbio che con il teatro Pirandello arricchisce, e quindi complica e in qualche modo appesantisce, la sua tematica più genuina. Ma non si tratta di un mero procedimento tecnico, di una "descrizione" delle novelle; si tratta piuttosto di una chiarificazione interiore che lo conduce a una dimensione creativa nuova e più elevata, il cui perno è costituito dal rapporto tra realtà e finzione, tra persone e personaggi, tra normalità e anormalità.

In questo senso possiamo distinguere tre fasi nello sviluppo dell'opera drammatica pirandelliana. Particolarmente importante per la comprensione del primo periodo – che giunge fino al 1918 e comprende commedie come *Pensaci, Giacomino! Lumìe di Sicilia, Liolà, Il berretto a sonagli* – è *Pensaci, Giacomino!* Come scrive Mario Baratto: "L'individuo che vuol far apparire delle ragioni personali, più meditate, non conformiste, accetta già, se si guardi bene, non solo di *apparire*, ma di *essere anormale*. Al tipico si sostituisce allora l'originale, lo strano... Da una parte l'*anormale* diventa una sorta di ascesso che la società tende continuamente a riassorbire come un male episodico: mentre esso è il prodotto costante della sua *normalità*.. Dall'altra la psicologia tesa e maniaca, la pazzia latente ed espressa, è una realtà interiore connessa a una condizione umana: l'individuo è sempre insidiato da un conflitto interiore insanabile". Il professor Toti, il protagonista di *Pensaci, Giacomino!*, è il tipico personaggio pirandelliano di questo periodo: un egocentrico piccolo borghese che non riesce ad acquistare consapevolezza storica della propria condizione. Tuttavia, rispetto ai personaggi delle commedie più "naturalistiche", d'ambiente siciliano, entra qui un elemento dialettico: il farsesco, il comico, diventa "anormale" e quindi si contrappone alla "normalità" dell'ambiente, mettendola radicalmente in discussione. La conseguenza di questo dramma è però la frustrazione dell'individuo, la sua impotenza ad agire. Questo si nota, per esempio, nell'ambito dei rapporti sentimentali e sessuali. I personaggi pirandelliani cercano il paradosso si assumono l'incarico di offendere a ogni cost

sensibilità morale della borghesia, ma non sperimentano mai
l'amore. Si limitano a una serie di esercitazioni verbali intorno a che cosa potrebbe essere l'amore senza mai coglierlo.
La seconda fase del teatro pirandelliano – che giunge fino al
1927 e comprende le maggiori opere pirandelliane, dal *Giuoco
delle parti* ai *Sei personaggi in cerca d'autore*, da *Enrico IV*
a *Vestire gli ignudi* – ruota intorno al problema del rapporto
con la realtà. Dice Pirandello: "La vita allora, che si aggira
piccola, solita, tra queste apparenze, ci sembra quasi che non
sia davvero, che sia come una fantasmagoria meccanica. E
come darle importanza? Come portarle rispetto?". È su queste domande che il teatro pirandelliano prende un nuovo respiro: esasperando cioè i conflitti tra apparenza e realtà, fra
normalità e anormalità, fra individuo e mondo esterno. Il
conflitto fra individuo e mondo esterno, che nelle commedie
del primo periodo dava luogo – per esprimerci in chiave
psicoanalitica – a uno stato perenne di ansietà, determinato
dall'incapacità di interpretare tutte le percezioni che affluisco-
no dal mondo esterno, nella seconda fase genera uno stato di
schizofrenia. Cioè il personaggio pirandelliano si chiude er-
meticamente in se stesso. La dialettica tra anormalità e normalità si spezza; l'anormalità diventa sistema di vita, incu-
rante del rapporto col mondo. Il rapporto fra apparenza e
realtà assume dimensioni tanto più tragiche quanto più, come
scrive Silvio D'Amico, Pirandello "rinnega addirittura il 'penso, quindi sono' di Cartesio: per lui neanche pensare significa essere. Qui sarebbe lecito chiedersi: ciò non finisce col
distruggere l'essenza della grande poesia tragica, la nobiltà
del dolore? Ma appunto qui vuole essere l'originalità del Pirandello drammaturgo; appunto da questa impossibilità di
una tragedia egli trae la più disperata delle tragedie, la
sua".
L'ultimo periodo del teatro pirandelliano – che, da *Uno,
nessuno e centomila* giunge sino ai *Giganti della montagna* –
nasce da una crisi profonda dell'artista e della sua arte. L'individuo pirandelliano, il personaggio, scopre la sua inadegua-
tezza nell'affrontare la realtà; l'isolamento soggettivistico in
cui opera lo conduce continuamente allo scacco, anzi a una
sconfitta che si verifica ancor prima della lotta. Nella *Favola
del figlio cambiato* e ancor più nei *Giganti della montagna*

la coerenza "ideologica" dell'arte pirandelliana si dissolve nell'ambiguità, in una sorta di grandioso sdoppiamento: mentre si eleva l'elegia all'individualità destinata a sparire, condannata da forze cieche e brutali che la frantumano, entrano in gioco, come protagonisti, entità collettive, personaggi corali ai quali spetta "l'ultima parola" Nello stesso tempo si scioglie la contrapposizione fra arte e vita. L'arte, come momento privilegiato, è destinata a sparire; ma forse potrà essere sostituita dalla creatività generale, cioè da un mondo che viva secondo ritmi e leggi di armonia e di bellezza.

Pirandello e il pirandellismo

Si è molto parlato della filosofia pirandelliana e del "pirandellismo" come concezione generale della vita. Dal *Fu Mattia Pascal* in poi, ogni opera di Pirandello scatenava una gara tra pubblico e critica nella scoperta del problema, della cifra che doveva puntualmente nascondersi dietro le complicate trame di parole. Come scrisse Giacomo Debenedetti, "[la critica] di fronte all'artista di apparentemente difficile accesso, sentì il bisogno di chiarire più che di capire; e con le sue lanterne cieche corse e si ravvolse dietro Pirandello per gli speciosi labirinti di Pirandello... Sulla facciata esterna della sua opera Pirandello mostrava quella che si chiama una 'filosofia', e la critica sotto, a dare una traduzione, una divulgazione letterale di quella filosofia".

L'origine di questa "maniera" critica è da ricercarsi all'interno del clima culturale in cui si trovò a operare lo scrittore; un periodo caratterizzato in Italia dall'egemonia crociana, che se da un lato ha contribuito alla liquidazione di anacronistici residui positivistici, dall'altro ha indubbiamente bloccato, o comunque ritardato, la comprensione dei fenomeni artistici e culturali più nuovi. Così critici di derivazione crociana (Russo, Momigliano, Flora, e i loro epigoni) mostrano, come il Croce stesso, nei confronti di Pirandello un impaccio che impedisce loro di "calarsi" entro la sua opera. E invero anche i più benevoli sembrano guardare lo scrittore dall'esterno; circoscrivendolo entro aspetti marginali del suo

mondo, quelli di derivazione veristica, oppure limitandolo
a mere rappresentazioni di quel sentimento doloroso della vita che è solo un elemento – e neppure il più importante –
della tematica pirandelliana.

Contro questa interpretazione e valutazione dell'opera pirandelliana (che contribuì a ritardare il successo dello scrittore)
si schierò decisamente Adriano Tilgher, il quale già nel 1913
aveva pubblicato una *Teoria della critica d'arte*. Questa, ri-
facendosi alla "filosofia della vita" di Simmel e Dilthey, spez-
zava l'antitesi neoidealistica tra poesia e non-poesia per sosti-
tuirvi quella tra vita e forma, assai più adatta all'intendimen-
to della *poesia dialettica* di Pirandello. In seguito Tilgher
dedicò a Pirandello un saggio nel suo libro *Studi sul teatro
contemporaneo* (1922), del quale lo stesso Tilgher scriverà
più tardi: "Io mostravo che tutto il mondo pirandelliano faceva centro intorno a una visione della Vita come forza travà-
gliata da un'intera antinomia per la quale la Vita è, insieme,
necessitata a darsi forma e, per uguale necessità, non può
consistere in nessuna forma, ma deve passare di forma in forma. È la famosa, o famigerata, antitesi di Vita e Forma, *problema centrale dell'arte pirandelliana*".

Si stabilisce a questo punto un rapporto tra Pirandello e Tilgher che rischia di incapsulare l'artista nell'ambito di una
formula. Anche perché il Croce, dal canto suo, finiva per accettare l'interpretazione tilgheriana, rovesciandone il valore:
non esiste il Pirandello artista ma soltanto il Pirandello "filosofo", e cattivo filosofo. Dal canto suo Pirandello nutre verso il critico che sembra quasi gestire la sua fama e la sua
concezione del mondo un sentimento ambivalente: da un lato ne accetta alcuni parametri interpretativi, ma dall'altro
si ribella non tanto a Tilgher quanto all'immagine globale
che (dopo il giudizio di Tilgher), circola nei confronti delle
sue opere. E nella prefazione al *Dramma di Pirandello* di
Domenico Vittorini, scrive: "Fra i tanti Pirandello che vanno
in giro da un pezzo nel mondo della critica letteraria internazionale, zoppi, deformi, tutti testa e niente cuore, strampalati,
sgarbati, lunatici, nei quali io, per quanto mi sforzi, non riesco a riconoscermi per un minimo tratto...". E altrove precisa: "In Italia pare si voglia insistere a seguire la falsariga di
qualche critico che ha creduto di scoprire nelle mie cose un

contenuto filosofico, che non c'è, vi garantisco che non c'è".
È tuttavia soltanto con Massimo Bontempelli (e con alcune
note di Gramsci che riguardano però la valutazione ideologi-
co-culturale e non quella artistica dell'opera pirandelliana)
che l'interpretazione "intellettualistica" viene superata. Nella
commemorazione di Pirandello pronunciata il 17 gennaio 1937,
Bontempelli affermava che la qualità fondamentale dello scrittore è il "candore", precisando che "la prima delle qualità
delle anime candide è la incapacità di accettare i giudizi al-
trui e farli propri... Luigi Pirandello si affacciò anima candida alla vita e alla intelligenza delle cose, in uno dei tempi
meno candidi che si possono immaginare... Quel tempo, con
gli anni che lo seguono fino alla guerra d'Europa, segna la
fine del mondo romantico, nato diciannove secoli prima. E
nell'opera di Pirandello, il mondo romantico e le sue postreme deduzioni si distruggono fino all'ultima cellula. Di qua
dal mondo che Pirandello ha denudato, la compagine umana
non può trovare che la distruzione totale o il ricominciamento".
La forza dell'arte pirandelliana non consisterebbe dunque in
una scelta "filosofica" dei temi, dei personaggi e dello stile,
ma piuttosto in una non-scelta: nell'avere pescato con obiet-
tività (ma non con neutralità) nel mare della vita, e nella vita
della piccola borghesia italiana del suo tempo, raccogliendo
tutto ciò che in essa si agitava. "L'umanità del mondo pirandelliano è veramente — per servirmi d'una parola venuta in
grande uso alcuni anni più tardi, cioè con la guerra — 'massa'." Ed è appunto in questa massa che Pirandello trova quella "smania di vivere", al tempo stesso irriducibile e debole —
quella vitalità incrinata e ottusa che costituisce il sottofondo
di tutta la grande letteratura europea (non tornano a spropo-
sito i nomi di Proust e di Joyce). Contrapposta a questo vi-
talismo immotivato è la conoscenza, ma una conoscenza otte-
nebrata, involuta, priva di luce e incapace di uscire dal proprio tortuoso labirinto: appunto la conoscenza (si potrebbe anche dire l'ideologia) delle masse piccolo borghesi. E anche
qui, sempre secondo Bontempelli, Pirandello non sceglie: "Ha
accolto le conoscenze ch'erano state date alla gente per aiu-
tarla a vivere". Discorso, quest'ultimo, che potrebbe essere
integrato da un'acuta osservazione di Gramsci, il quale si chie-

de se in Pirandello non prevalga l'umorismo, e cioè se egli
non si "diverta a far nascere dubbi 'filosofici' e meschini per
'sfottere' il soggettivismo e il solipsismo filosofico".

E, dal canto suo, Giacomo Debenedetti avanzava in un saggio del 1937 l'ipotesi che la "filosofia" pirandelliana altro non
fosse se non un'astuzia della provvidenza: il materiale isolan-
te che gli permetteva di maneggiare il fuoco bianco del suo
nucleo poetico e umano. Nell'ambito della critica più recen-
te la tendenza a darci un "Pirandello senza pirandellismi" è
nettamente prevalsa anche se si è forse rischiato di andare
troppo oltre, negando cioè a Pirandello una problematica intellettuale, che resta probabilmente il motivo fondamentale
della sua arte. In questo senso appare assai interessante la
posizione assunta da Renato Barilli in un suo saggio sulla
Poetica di Pirandello dove si pone in discussione tanto l'interpretazione tilgheriana del *poeta del problema centrale*,
quanto l'interpretazione a-ideologica di gran parte della critica attuale. Il discorso viene invece impostato sulla *Weltan-
schauung*, sulla concezione del mondo di Pirandello: e cioè
su una visione globale della vita che ha il suo perno nel già
citato concetto di umorismo, o meglio in una scala di grada-
zioni che dal comico passa all'umorismo e via via giunge alla
tragedia! Tragedia che non ha radici epiche, come quella, ad
esempio, di un Verga (e cioè dedotta da una concezione sta-
tica della vita, entro la quale il poeta ha la funzione di riconoscere, di ritrovare, l'eterno ripetersi del dramma di essere uomo) ma che si sviluppa dialetticamente da una inizia-
le disponibilità verso la vita com'è, da un'accettazione incon-
dizionata del reale. La prima rottura di questa compattezza
del reale avviene inizialmente attraverso il comico, e cioè attraverso l'avvertimento di qualcosa che non è come dovrebbe
essere, qualcosa di anormale, di abnorme.

È a questo punto che nasce la possibilità di una valutazione
dell'opera pirandelliana alla luce della cultura contemporanea e nell'ambito di quella crisi della civiltà che ha avuto
i suoi maggiori interpreti letterari in Proust, Joyce, Kafka,
Musil, e altri. Frantumato il vecchio ordine di valori (e non
sarebbe avventato, al di là della contingente polemica, scor-
gere nell'avversione di Croce verso Pirandello un momento
della lotta del filosofo contro la crisi dei valori borghesi, o

piuttosto della sua disperata negazione di un fatto incontestabile), sparisce la distinzione tra normale e anormale, tra giusto e ingiusto, tra bello e brutto. Tutto diventa problematico, tutto diventa possibile: la compagine della vita quotidiana si frantuma nella girandola degli atti gratuiti, delle scelte immotivate. Basta rileggere una qualsiasi delle novelle o dei drammi pirandelliani: sarebbe impossibile ricondurli a un qualsiasi genere letterario, catalogarli secondo lo schema della farsa, della tragedia, della commedia, del realismo o del non-realismo. E questo non perché Pirandello (e Joyce e Kafka e Musil, e diversi altri interpreti del dramma contemporaneo) sia vittima di una confusione ideologica o di un'incertezza estetica, ma proprio al contrario, perché in lui (in loro) la realtà contemporanea si riflette col massimo rigore, nel rifiuto che in certa misura potremmo chiamare eroico, di ogni idea preconcetta, di ogni mistificazione ideologica. In Pirandello il soggettivismo non è mai un narcisismo (come accade in D'Annunzio per esempio) ma diventa dramma. L'impossibilità di aderire alle forme, ai valori costituiti si traduce in totale abbandono alla vita, e infine nel recupero della comprensione e della compassione verso tutti gli aspetti e le forme che può assumere di volta in volta la condizione umana. In questo senso l'"uomo solo" pirandelliano è assai vicino all'Ulisse joyciano, all'Uomo senza qualità di Musil, ai personaggi di Kafka.

Persona e personaggio

"La natura si serve dello strumento della fantasia umana per proseguire la sua opera di creazione. E chi nasce mercé questa attività creatrice che ha sede nello spirito dell'uomo, è ordinato da natura a una vita di gran lunga superiore a quella di chi nasce dal grembo mortale d'una donna. Chi nasce personaggio, chi ha la ventura di nascere personaggio vivo..." Così Pirandello formulava quella distinzione tra persona e personaggio che sta alla base della sua arte. Distinzione fra due momenti dell'animo umano: il primo, della persona, ancora informe, disponibile ad assumere ogni forma che gli

venga imposta dall'interno o dall'esterno; il secondo, del personaggio, ruotante intorno a un perno, fissato nel gioco delle parti, destinato a ripetere ogni giorno gli stessi gesti, a ripetere per sempre lo stesso dramma.
Massimo Bontempelli chiariva: "Insomma i personaggi sono
le sole verità. Col personaggio l'umanità ha ritrovato l'incon-
fondibile, l'immodificabile, l'indistruttibile, l'eterno". La tensione dell'arte pirandelliana nasce però dall'altalena fra persona e personaggio, e dall'impossibilità dell'uomo a essere de-
finitivamente l'una o l'altro. E per ripetere una distinzione
cara ai primi esegeti di Pirandello a essere o "vita" o "forma".
L'arte pirandelliana si colloca però al di là di questa distinzione: e deriva direttamente dall'atteggiamento dell'autore
verso i suoi personagi. È stato notato che Pirandello mostra
verso i suoi personaggi ostilità e astio, quasi destassero in
lui ripugnanza. Ne mette in evidenza particolari sgradevoli,
si accanisce nel descriverne le miserie fisiche o spirituali, li
colloca in ambienti che, prima d'essere illuminati dalla luce
della tragedia o della farsa, sono immersi in un ossessivo gri-
giore. E neppure sono vittime di un destino sociale, come
presso i naturalisti, o di un destino religioso come in Verga.
Essi, piuttosto, sembrano artefici della propria sventura, talvolta in modo consapevole e determinato. E poiché dall'esterno non possono attendersi riscatto e salvezza, ci appaiono ir-
rimediabilmente dannati. Ma quale peccato stanno scontan-
do? Una risposta penetrante ci viene offerta da Giacomo Debenedetti quando, alludendo al protagonista di *Vittoria delle
formiche*, che vive in uno stato di bislacca, ma serena solitudine, annota: "D'improvviso è diventato brutto, è andato a
raggiungere la media dei suoi fratelli: davvero qualcosa di ri-
pugnante è suppurato in lui. Ed è semplicemente successo che,
da 'uomo solo' qual era, di qua dal mondo della convivenza
umana con i suoi inevitabili confronti e giudizi, quell'individuo è decaduto – sia pur soltanto col piensiero e col ramma-
rico – nella gazzarra cieca di quella convivenza. È voluto
tornare a essere una *parte* nel *gioco delle parti*".
Questa nostalgia della "persona", dello stato di primitività
dell'uomo, di ciò che non è ancora condizionato e contamina-
to dalla convivenza, costituisce il polo ideale dell'arte piran-

delliana, quasi il "limite" esterno al quale lo scrittore si riporta per trovare i termini di riferimento della sua realtà letteraria. Ma, come abbiamo detto, questo è soltanto il "limite"
esterno: perché l'opera pirandelliana si svolge tutta intorno
alla tematica del personaggio, e al suo modo di esistere. È
attraverso la parola che si diventa personaggi. Infatti il con-
notato stilistico più evidente nell'opera pirandelliana è un
dialogo fittissimo e incessante, che soltanto di rado lascia
spazio alla contemplazione o all'azione.

I gesti hanno sempre una funzione dialettica; attraverso di
loro i personaggi cambiano (forse solo apparentemente) la
loro vita, o prendono coscienza di ciò che sono. Tuttavia questi gesti sono ridotti a momenti; la continuità è data dal dialogo, dal tentativo quasi esasperante di "farsi intendere", di
uscire dalla solitudine attraverso la comunicazione. Un tipo
di comunicazione particolare, misteriosamente frenata, che non
raggiunge mai l'altro.

Il risvolto stilistico di questa situazione esistenziale sta nella
natura "astratta", quasi senza riferimenti di tempo e di luogo, del linguaggio pirandelliano. Nonostante la sua derivazione veristica – e gli stretti legami culturali e sentimentali con
la sua terra d'origine (quella Sicilia tanto presente nella pro-
sa verghiana) – il linguaggio di Pirandello si avvale pochis-
simo degli elementi dialettali o gergali della lingua italiana
corrente. Ogni personaggio sembra piuttosto avere elaborato
una sua forma espressiva particolare, fatta di ripetizioni, di
allusioni ammiccanti, di costruzioni sintattiche affannose che
ubbidiscono a un ritmo interiore dei sentimenti piuttosto che
alla convenzione della lingua parlata o scritta. Anche il linguaggio pirandelliano ci riporta alla tematica della solitudine:
"l'uomo solo" parla per se stesso oppure per un interlocuto-
re inesistente. Nonostante il "successo" che ha arriso alla sua
opera, anche a Pirandello, come a tutti i grandi interpreti
del nostro tempo, manca quel lettore fraterno e partecipe al
quale si rivolgeva l'artista classico. Nel mondo della crisi anche lo scrittore è un "uomo solo".

«Pensaci, Giacomino!»

La novella omonima fu pubblicata per la prima volta sul "Corriere della Sera" del 23 febbraio 1910. Nel 1916 Pirandello elaborò la versione teatrale che fu rappresentata in dialetto siciliano il 10 luglio 1916 al Teatro Nazionale di Roma dalla compagnia di Angelo Musco. La commedia fu quindi pubblicata in "Noi e il mondo" dell'aprile-giugno 1917. Nel 1936 fu realizzato il film diretto da Gennaro Righelli con l'interpretazione di Angelo Musco, Elio Steiner e Dria Paola. L'opera è stata tradotta e rappresentata in quasi tutti i paesi del mondo. Fra le prime rappresentazioni da segnalare quella avvenuta al Teatro Municipale di Praga il 10 settembre 1930 e quella tedesca avvenuta alla Schauspielhaus di Chemnitz il 6 giugno 1931.

Pensaci, Giacomino! segna un importante momento di transizione tra il Pirandello "narratore" e il Pirandello "drammaturgo". La dialettica psicologica è quella dei romanzi e delle novelle precedenti, e soprattutto del *Fu Mattia Pascal*. L'individuo, il personaggio, si trova stretto in una morsa, o meglio tra due poli tra loro non comunicanti: la vita, "trappola della morte", che tenta di imporre le sue ragioni, e la società, mediocre, in completo ristagno, e che si propone come immodificabile. Il dramma nasce appunto dall'impossibilità della vita, per sua natura dinamica, di modificare la società. La sfida è quindi sempre individuale, isolata; e destinata allo scacco. Il professor Toti, protagonista della commedia, sfida l'ambiente che lo circonda e sposa la giovane Lillina, incinta di un altro. È un vecchio stanco che accetta non solo di essere considerato stravagante, ma che diventa *realmente* stravagante. Ma questa stravaganza è la vera "normalità", in quanto deriva da un'istanza umana che mette in discussione le basi arbitrarie della convivenza sociale. Il *menage à trois* è l'unica soluzione ispirata a ragione e a carità. Come scrisse Adriano Tilgher: "Mai la relatività delle costruzioni umane... era stata sostenuta con violenza più acerba, più aperta, più lucidamente logica". Una problematica non dissimile è quella sviluppata da Brecht nell'*Eccezione e la regola*: "Abituatevi a considerare strano tutto ciò che viene presentato come nor-

male, e abituatevi a considerare normale tutto ciò che viene
presentato come strano". Ma per i personaggi pirandelliani il
problema si pone in maniera tragica, in quanto insolubile. La
ribellione è sempre, e sempre vuole essere, individuale e non
collettiva, proprio perché separa, e vuole separare, condizione
umana da condizione sociale. La ribellione manca apparentemente il bersaglio: non è ribellione alla prigione dell'individualità, alla solitudine esistenziale che rende l'uomo impoten-
te, ma si limita a rifiutare e a irridere le conseguenze di quella condizione umana.

Il professor Toti lotta contro l'ipocrisia e contro l'immoralità
ma resta pur sempre fedele ai valori borghesi, tende anzi, in
qualche misura, a "restaurarli"; e tuttavia l'ironia crudele della situazione e il candore raziocinante con il quale il personaggio vi si muove dentro finiscono per incrinare dall'interno
la compattezza del mondo com'è, lasciando intravedere un
lampo del mondo come dovrebbe e potrebbe essere.

«La ragione degli altri»

Scritta nel 1899 col titolo *Se non così*, fu rappresentata sempre con lo stesso titolo al Teatro Manzoni di Milano il 19
aprile 1915 dalla Compagnia Stabile Milanese diretta da Marco Praga (prima attrice Irma Gramatica). Sempre con lo
stesso titolo fu pubblicata sulla "Nuova antologia" del gennaio 1916 e quindi in volume presso Treves nel 1917. Come
La ragione degli altri apparve nel 1921 nella prima raccolta
Treves delle "Maschere nude".

La ragione degli altri è il primo tentativo teatrale di Pirandello e risente dell'incertezza di chi non è ancora sicuro dei
propri mezzi tecnici e del proprio mondo poetico. Tuttavia
la commedia contiene embrionalmente molti elementi della
poetica pirandelliana sia sul piano formale che su quello dei
contenuti: concitazione del dialogo alla ricerca di un'espressione inequivoca ed elementarietà dei conflitti e dei sentimenti; polemica contro l'ipocrisia e contro il formalismo. La
soluzione del conflitto tra falsa morale e morale autentica viene ritrovata, come nel caso dei due personaggi femminili di

questa commedia, nel compromesso che riporta tutto nello
squallore della vita quotidiana, che è forse la soluzione più
tragica.

Il punto di partenza è l'esasperazione di un radicato luogo
comune del costume italiano: la casa è dove ci sono i figli.
I figli, anche se di un'altra donna; la maternità, anche se fit-
tizia. La lotta fra le due donne per il possesso di una bambina rompe i meccanismi della rispettabilità e della convenzione: la madre, che non è moglie, vuole difendere la sua
creatura; la moglie, che non è madre, vuole avere la bambina
per ricostruire almeno l'illusione della famiglia. Come scrive
Gramsci: "Lotta atroce, crudele, perché la madre dovrà rinunziare alla sua bambina per assicurarle un avvenire, il nome del padre, una ricchezza, una casa; dramma rappresentato senza lenocini oratori, senza sdilinquimenti, senza scene
grandiloquenti, e perciò rivolto a colpire tutte le abitudini
sentimentali del pubblico, che reagisce con irti tutti i pregiudizi piccolo-borghesi".

Bibliografia

Diamo, qui di seguito, un elenco delle prime edizioni delle
opere di Pirandello; per le commedie diamo anche le indi-
cazioni della prima rappresentazione. Tutte le opere di Pirandello sono ristampate nei "Classici Contemporanei Italiani" di Mondadori. Per una bibliografia completa delle opere
di Pirandello, rimandiamo a Manlio Lo Vecchio Musti, *Bibliografia di Pirandello*, Mondadori, Milano 1937. Per gli
scritti su Pirandello, oltre alle opere fondamentali, valga l'in-
dicazione di alcuni tra gli scritti più recenti, che esemplifi-
cano l'attuale orientamento critico. Una completa bibliografia
degli scritti su Pirandello è quella di Alfredo Barbina, *Bibliografia della critica pirandelliana, 1889-1961*, Firenze 1967.

PRIME EDIZIONI DELLE RACCOLTE DI NOVELLE

Amori senza amore, Stabilimento Bontempelli Editore, Ro-
ma 1894.
Beffe della morte e della vita, Lumachi, Firenze 1902 (I serie)
e 1903 (II serie).
Quand'ero matto, Streglio, Torino 1902.
Bianche e nere, Streglio, Torino 1904.
Ermes bifronte, Treves, Milano 1906.
La vita nuda, Treves, Milano 1911.
Terzetti, Treves, Milano 1912.
Le due maschere, Quattrini, Firenze 1914.
La trappola, Treves, Milano 1915.
Erba del nostro orto, Studio Editoriale Lombardo, Milano
1915.
E domani, lunedì, Treves, Milano 1917.
Un cavallo nella luna, Treves, Milano 1918.
Berecche e la guerra, Facchi, Milano 1919.
Il carnevale dei morti, Battistelli, Firenze 1919.
Dal 1922 inizia la raccolta delle *Novelle per un anno*, edite
da R. Bemporad e F. e Mondadori, in 15 volumi, di cui dia

mo qui di seguito i titoli e le date delle prime edizioni, tenendo presente che si riferiscono tutte alle edizioni R. Bemporad e F., che sono le prime ad uscire, salvo quelle degli ultimi due volumi, editi solamente presso Mondadori.

Lo scialle nero, 1922; *La vita nuda*, 1922; *La rallegrata*, 1922; *L'uomo solo*, 1922; *La mosca*, 1923; *In silenzio*, 1923; *Tutt'e tre*, 1924; *Dal naso al cielo*, 1925; *Donna Mimma*, 1925; *Il vecchio dio*, 1926; *La giara*, 1928; *Il viaggio*, 1928; *Candelora*, 1928; *Berecche e la guerra*, 1934; *Una giornàta*, 1937.

PRIME EDIZIONI DELLE POESIE

Mal giocondo, Libreria Internazionale Lauriel di Carlo Clausen, Palermo 1889.

Pasqua di Gea, Libreria Editrice Galli, Milano 1891.

Pier Gudrò, Enrico Voghera, Roma 1894.

Elegie renane, Unione Cooperativa Editrice, Roma 1895.

Zampogna, Società Editrice Dante Alighieri, Roma 1901.

Scamandro, Tipografia Roma di Arnani e Stein, Roma 1909.

Fuòr di chiave, Formiggini, Genova 1912.

Elegie romane (traduzione da Goethe), Giusti, Livorno 1896.

PRIME EDIZIONI DEI SAGGI

Arte e scienza, W. Modes Libraio Editore, Roma 1908.

L'umorismo, R. Carabba, Lanciano 1908.

PRIME EDIZIONI DEI ROMANZI

L'esclusa, in "La tribuna", giugno-agosto 1901; poi presso Treves, Milano 1908.

Il turno, Giannotta, Catania 1902.

Il fu Mattia Pascal, in "La nuova antologia", aprile-giugno 1904; poi edito da "La nuova antologia", Roma 1904.

Suo marito, Quattrini, Firenze 1911; fu ripubblicato poi col titolo *Giustino Roncella nato Boggiòlo*.

I vecchi e i giovani, in "Rassegna contemporanea", gennaio-novembre 1909; poi presso Treves, Milano 1913.

Si gira, in "La nuova antologia", giugno-agosto 1915; poi presso Treves, Milano 1916; in segnito venne ripubblicato col titolo *Quaderni di Serafino Gubbio operatore*, R. Bemporad e F., Firenze 1925.

Uno, nessuno e centomila, in "La fiera letteraria", 1925-26; poi presso R. Bemporad e F., Firenze 1926.

PRIME EDIZIONI E PRIME RAPPRESENTAZIONI
DELLE OPERE TEATRALI

La morsa (col titolo *L'epilogo*), pubblicata in "Ariel", 20 marzo 1898; poi presso R. Bemporad e F., Firenze 1926; rappresentata a Roma, Teatro Metastasio, dalla compagnia "Teatro minimo", diretta da Nino Martoglio, 9 dicembre 1910.

Lumìe di Sicilia, pubblicata in "La nuova antologia", 16 marzo 1911; poi presso Treves, Milano 1920; rappresentata a Roma, Teatro Metastasio, dalla compagnia "Teatro minimo", diretta da Nino Martoglio, 9 dicembre 1910.

Il dovere del medico, pubblicata in "Noi e il mondo", gennaio 1912; poi presso R. Bemporad e F., Firenze 1926; rappresentata a Roma, Sala Umberto I, dalla compagnia "Teatro per tutti", diretta da Lucio d'Ambra e Achille Vitti, 20 giugno 1913.

Cecè, pubblicata in "La lettura", ottobre 1913; poi presso R. Bemporad e F., Firenze 1926; rappresentata a S. Pellegrino, Teatro del Casino, dalla compagnia Armando Falconi, 10 luglio 1920.

Se non così, pubblicata in "La nuova antologia", gennaio 1916; poi (col titolo *La ragione degli altri*) presso Treves, Milano 1917; rappresentata a Milano, Teatro Manzoni, dalla compagnia Stabile Milanese, diretta da Marco Praga, 19 aprile 1915.

All'uscita, pubblicata in "La nuova antologia", novembre 1916; poi presso Treves, Milano 1917; rappresentata a Roma, Teatro Argentina, dalla compagnia Lamberto Picasso, 22 settembre 1922.

Pensaci, Giacomino!, pubblicata in "Noi e il mondo", aprile-giugno 1917; poi presso Treves, Milano 1918; rappresentata a Roma, Teatro Nazionale, dalla compagnia Angelo Musco (tradotta in siciliano dallo stesso Pirandello), 10 luglio 1916.

Liolà (testo in siciliano), pubblicata da Formiggini, Roma 1917; rappresentata a Roma, Teatro Argentina, dalla compagnia Angelo Musco, 4 novembre 1916.

Così è (se vi pare), pubblicata in "La nuova antologia", 1-16 gennaio 1918; poi presso Treves, Milano 1918; rappresen-

tata a Milano, Teatro Olimpia, dalla compagnia Virgilio
Talli, 18 giugno 1917.

La patente, pubblicata nella "Rivista d'Italia", 31 gennaio
1918; poi presso Treves, Milano 1920; rappresentata a Roma, Teatro Argentina, dalla compagnia "Teatro Mediter-
raneo", diretta da Nino Martoglio (tradotta in siciliano
dallo stesso Pirandello), 19 febbraio 1919.

Il piacere dell'onestà, pubblicata in "Noi e il mondo", feb-
braio-marzo 1918; poi presso Treves, Milano 1918; rappresentata a Torino, Teatro Carignano, dalla compagnia
Ruggero Ruggeri, 27 novembre 1917.

Il berretto a sonagli, pubblicata in "Noi e il mondo", agosto-
settembre 1918; poi presso Treves, Milano 1920; rappresentata a Roma, Teatro Nazionale, dalla compagnia Angelo
Musco (tradotta in siciliano dallo stesso Pirandello), 27
giugno 1917.

Il giuoco delle parti, pubblicata in "La nuova antologia", 1-16
gennaio 1919; poi presso Treves, Milano 1919; rappresentata a Roma, Teatro Quirino, dalla compagnia Ruggero
Ruggeri, 6 dicembre 1918.

L'uomo, la bestia e la virtù, pubblicata in "Comoedia", 10
settembre 1919; poi presso R. Bemporad e F., Firenze 1922;
rappresentata a Milano, Teatro Olimpia, dalla compagnia
Antonio Gandusio, 2 maggio 1919.

Ma non è una cosa seria, pubblicata da Treves, Milano 1919;
rappresentata a Livorno, Teatro Rossini, dalla compagnia
Emma Gramatica, 22 novembre 1918.

Tutto per bene, pubblicata da R. Bemporad e F., Firenze
1920; rappresentata a Roma, Teatro Quirino, dalla compagnia Ruggero Ruggeri, 2 marzo 1920.

L'innesto, pubblicata da Treves, Milano 1921; rappresentata
a Milano, Teatro Manzoni, dalla compagnia Virgilio Talli,
29 gennaio 1919.

Come prima, meglio di prima, pubblicata da R. Bemporad
e F., Firenze 1921; rappresentata a Venezia, Teatro Gol-
doni, dalla compagnia Ferrero-Celli-Paoli, 24 marzo 1920.

Sei personaggi in cerca d'autore, pubblicata da R. Bemporad
e F., Firenze 1921, rappresentata a Roma, Teatro Valle,
dalla compagnia Niccodemi, 10 maggio 1921.

Enrico IV, pubblicata da R. Bemporad e F., Firenze 1922;

rappresentata a Milano, Teatro Manzoni, dalla compagnia
Ruggero Ruggeri, 24 febbraio 1922.

La signora Morli, una e due, pubblicata da R. Bemporad e
F., Firenze 1922; rappresentata a Roma, Teatro Argentina,
dalla compagnia Emma Gramatica, 12 novembre 1920.

Vestire gli ignudi, pubblicata da R. Bemporad e F., Firenze
1923; rappresentata a Roma, Teatro Quirino, dalla compagnia Maria Melato, 14 novembre 1922.

La vita che ti diedi, pubblicata da R. Bemporad e F., Firenze
1924; rappresentata a Roma, Teatro Quirino, dalla compagnia Alda Borelli, 12 ottobre 1923.

Sagra del Signore della Nave, pubblicata nel "Convegno", 30
settembre 1924; poi presso R. Bemporad e F., Firenze 1925;
rappresentata a Roma, Teatro Odescalchi, dalla compagnia
"Teatro d'arte", diretta da Pirandello, 4 aprile 1925.

Ciascuno a suo modo, pubblicata da R. Bemporad e F., Firenze 1924; rappresentata a Milano, Teatro dei Filodrammatici, dalla compagnia Niccodemi, 22 maggio 1924.

L'altro figlio, pubblicata da R. Bemporad e F., Firenze 1925;
rappresentata a Roma, Teatro Nazionale, dalla compagnia
Raffaello e Garibalda Niccoli (tradotta in vernacolo tosca-
no da Ferdinando Paolieri), 23 novembre 1923.

La giara, pubblicata da R. Bemporad e F., Firenze 1925; rappresentata a Roma, Teatro Nazionale, dalla compagnia Angelo Musco (tradotta in siciliano dallo stesso Pirandello), 9
luglio 1917.

L'imbecille, pubblicata da R. Bemporad e F., Firenze 1926;
rappresentata a Roma, Teatro Quirino, dalla compagnia
Alfredo Sainati, 10 ottobre 1922.

All'uscita, pubblicata da R. Bemporad e F. Firenze 1926;
rappresentata a Roma, Teatro Argentina, dalla compagnia
Lamberto Picasso, 29 settembre 1922.

L'uomo dal fiore in bocca, pubblicata da R. Bemporad e F.,
Firenze 1926; rappresentata a Roma, Teatro degli Indipendenti, dalla compagnia degli "Indipendenti" diretta da Anton Giulio Bragaglia, 21 febbraio 1923.

Diana e la Tuda, pubblicata da R. Bemporad e F., Firenze
1927; rappresentata a Zurigo, Schauspielhaus, 20 novembre 1926 (traduzione tedesca di Hans Feist); prima rappre-

sentazione italiana a Milano, Teatro Eden, compagnia "Pirandello", 14 gennaio 1927.

L'amica delle mogli, pubblicata da R. Bemporad e F., Firenze 1927; rappresentata a Roma, Teatro Argentina, dalla compagnia "Pirandello", 28 aprile 1927.

La nuova colonia, pubblicata da R. Bemporad e F., Firenze 1928; rappresentata a Roma, Teatro Argentina, dalla compagnia "Pirandello", 24 marzo 1928.

Bellavita, pubblicata in "Il secolo XX", luglio 1928; poi presso Mondadori, Milano 1937; rappresentata a Milano, Teatro Eden, della compagnia Almirante-Rissone-Tofano 27 maggio 1927.

Liolà (testo italiano), pubblicata da R. Bemporad e F., Firenze 1928; rappresentata a Milano, Teatro Nuovo, dalla compagnia Tofano-Rissone-De Sica, 8 giugno 1942.

Sogno (ma forse no), pubblicata in "La lettura", ottobre 1929; poi presso Mondadori, Milano 1936; rappresentata a Lisbona, Teatro Nacional, 22 settembre 1931 (traduzione portoghese di Caetano de Abreu Beirâo); prima rappresentazione italiana a Genova, teatro Giardino d'Italia, compagnia Filodrammatica del Gruppo Universitario di Genova, 10 dicembre 1937.

O di uno o di nessuno, pubblicata da R. Bemporad e F., Firenze 1929; rappresentata a Torino, Teatro di Torino, dalla compagnia Almirante-Rissone-Tofano, 4 novembre 1929.

Lazzaro, pubblicata da Mondadori, Milano 1929; rappresentata a Huddersfield, Royal Theater, 9 luglio 1929 (traduzione inglese di C. K. Scott Moncrieff); prima rappresentazione italiana a Torino, Teatro di Torino, compagnia Marta Abba, 7 dicembre 1929.

Questa sera si recita a soggetto, pubblicata da Mondadori, Milano 1930; rappresentata a Koenigsberg, Neues Schauspielhaus, 25 gennaio 1930 (traduzione tedesca di Harry Kahn): prima rappresentazione italiana a Torino, Teatro di Torino, compagnia appositamente costituita diretta da Guido Salvini, 14 aprile 1930.

Come tu mi vuoi, pubblicata da Mondadori, Milano 1930; rappresentata a Milano, Teatro dei Filodrammatici, dalla compagnia Marta Abba, 18 febbraio 1930.

I giganti della montagna, pubblicata: il I atto in "La nuova

antologia", 16 dicembre 1931; il II atto in "Quadrante",
novembre 1934; poi, completa, presso Mondadori, Milano
1938; rappresentata a Firenze, Giardino di Boboli, dal Com-
plesso Artistico diretto da Renato Simoni, 5 giugno 1937.

Trovarsi, pubblicata da Mondadori, Milano 1932; rappresentata a Napoli, Teatro dei Fiorentini, dalla compagnia Marta Abba, 4 novembre 1932.

Quando si è qualcuno, pubblicata da Mondadori, Milano 1933;
rappresentata a Buenos Ayres, Teatro Odeon, 20 settembre
1933 (traduzione spagnola di Homero Guglielmini); prima
rappresentazione italiana a San Remo, Teatro del Casino
Municipale, compagnia Marta Abba, 7 novembre 1933.

La favola del figlio cambiato, pubblicata, con la musica di
Malipiero, da Ricordi, Milano 1933; rappresentata a Braun-
schweig, Landtheater, 13 gennaio 1934 (traduzione tedesca
di Hans Redlich); prima rappresentazione italiana a Roma,
Teatro Reale dell'Opera, 24 marzo 1934.

Non si sa come, pubblicata da Mondadori, Milano 1935; rappresentata a Praga, Teatro Nazionale, 19 dicembre 1934
(traduzione ceca di Venceslao Jiřina); prima rappresentazione italiana a Roma, Teatro Argentina, compagnia Ruggero Ruggeri, 13 dicembre 1935.

Pari (incompiuta), pubblicata nell'*Almanacco Letterario,* Bompiani 1938.

SULLA VITA DI PIRANDELLO

F. Vittore Nardelli: *L'uomo segreto: vita e croci di Luigi Pirandello,* Mondadori, Milano 1932.

Ferdinando Pasini: *Pirandello nell'arte e nella vita,* Padova
1937.

Gaspare Giudice: *Luigi Pirandello,* U.T.E.T, Torino 1963.

SULL'OPERA DI PIRANDELLO:

Giuseppe Antonio Borgese: in *La vita e il libro. Saggi di letteratura e di cultura contemporanea,* Bocca, Torino 1910.

Francesco Flora: in *Dal romanticismo al futurismo,* Porta,
Piacenza 1921.

Adriano Tilgher: in *Voci del tempo. Profili di letterati e filo-*

sofi contemporanei, Libreria di Scienze e Lettere, Roma 1921.

Giuseppe Prezzolini: *Luigi Pirandello* in *L'Italia che scrive*, VIII, 1922.

Pietro Pancrazi: *Luigi Pirandello* in *Scrittori italiani del 900*, Laterza, Bari 1924.

Silvio D'Amico: *Ideologia di Pirandello* in "Comoedia", XI, 1927.

Piero Gobetti: in *Opera critica, II*, Edizione del Baretti, Torino 1927.

Ferdinando Pasini: *Luigi Pirandello (come mi pare)*, La Vedetta Italiana, Torino 1927.

Attilio Momigliano: *Luigi Pirandello* in *Impressioni di un lettore contemporaneo*, Milano 1928.

G. Battista Angioletti: in *Scrittori d'Europa. Critiche e polemiche*, Libri d'Italia, Milano 1928.

Camillo Pellizzi: *Pirandello maggiore e minore* in *Le lettere italiane del nostro secolo*, Libri d'Italia, Milano 1929.

Italo Siciliano: *Il teatro di Pirandello, ovvero dei fasti dell'artificio*, Bocca, Torino 1929.

Giuseppe Ravegnani: *Luigi Pirandello* in *I contemporanei* (vol. I), Bocca, Torino 1930.

"Quadrivio", 18 novembre 1934.

Corrado Alvaro: *Pirandello premio Nobel 1934* in "La nuova antologia", 16 novembre 1934 e in "Quadrivio", 18 novembre 1934.

Elio Vittorini: in "Ateneo Veneto", X, 1934.

Arnaldo Bocelli: *Appunti su Pirandello* in "Brescia", XII, 1934.

Benjamin Crémieux: *Luigi Pirandello* in "Nouvelle revue française", 1937.

"Dramma", 1 gennaio 1937.

Massimo Bontempelli: in *Pirandello, Leopardi, D'Annunzio*, Bompiani, Milano 1937.

Almanacco Letterario Bompiani, Milano 1938.

Manlio Lo Vecchio Musti: *L'opera di Luigi Pirandello*, Torino 1939.

Renato Simoni: *Luigi Pirandello* in *Confederazione fascista Celebrazioni siciliane*, Urbino 1940.

Antonio Di Pietro: *Luigi Pirandello*, Marzorati, Milano 1941.

Mario Alicata: *I romanzi di Pirandello* in "Primato", 1, V, 1941.

Pietro Pancrazi: *Luigi Pirandello in Scrittori d'oggi*, Laterza, Bari 1942.

Mario Sansone: *Critica e politica di Luigi Pirandello* in "Antico e nuovo", I, 1945.

Benedetto Croce: *Luigi Pirandello* in *Letteratura della nuova Italia* (vol. VI), Laterza, Bari 1945.

Massimo Bontempelli: *Pirandello o del candore* in *Introduzioni e discorsi (36-42)*, ed. IV, Bompiani, Milano 1945.

Giacomo Debenedetti: *"Una giornata" di Pirandello* in *Saggi critici*, Edizioni del Secolo, Roma 1945.

Arminio Janner: *Luigi Pirandello*, La Nuova Italia, Firenze 1948.

Giuseppe Petronio: *Pirandello novelliere e la crisi del realismo*, Edizioni Lucentia, Lucca 1950.

Leonardo Sciascia: *Pirandello e il pirandellismo*, Salvatore Sciascia Editore, Caltanissetta 1953.

Luigi Russo: *Luigi Pirandello* in *Ritratti e disegni storici*, Laterza, Bari 1953.

Carlo Salinari: *Lineamenti del mondo ideale di Pirandello* in "Società", giugno 1957.

Vito Fazio Almaier: *Il problema Pirandello* in "Belfagor", gennaio 1957.

G. Battista Angioletti: *Luigi Pirandello narratore e drammaturgo*, Edizioni Radio Italiana, Torino 1958.

Luigi Ferrante: *Luigi Pirandello*, Parenti, Firenze 1958.

Filippo Puglisi: *L'arte di Luigi Pirandello*, Casa Editrice G. D'Anna, Messina-Firenze 1958.

Carlo Salinari: in *Miti e coscienza del decadentismo italia*, Feltrinelli, Milano 1960.

Leonardo Sciascia: *Pirandello e la Sicilia*, Salvatore Sciascia Editore, Caltanissetta 1961.

Salvatore Battaglia: *La narrativa di Luigi Pirandello* in "Veltro", novembre-dicembre 1961.

Renato Barilli: *La poetica di Pirandello* e *Le novelle di Pirandello* in *La barriera del naturalismo. Studi sulla narrativa italiana contemporanea*, U. Mursia & C., Milano 1964.

Benvenuto Terracini: in *Analisi stilistica: teoria, storia, problemi*, Feltrinelli, Milano 1966.

Giuseppe Giacalone: *Luigi Pirandello*, La Scuola, Brescia 1966.

Congresso Internazionale di Studi Pirandelliani: *Atti del congresso*, Le Monnier, Firenze 1967.

Luigi Personè: *Luigi Pirandello* in *Scrittori italiani moderni e contemporanei*, Le Monnier, Firenze 1968.

Filippo Puglisi: *Pirandello e la sua lingua*, Nuova Cappelli, Bologna 1968.

Carlo Salinari: *Luigi Pirandello*, Liguori, Napoli 1968.

Lucio Lugnani: *Pirandello*, La Nuova Italia, Firenze 1970.

G. Mazzali: *Pirandello*, La Nuova Italia, Firenze 1973.

Silvana Monti: *Pirandello*, Palumbo, Palermo 1974.

Ferdinando Virdia: *Pirandello*, Mursia, Milano 1975.

A. Leone de Castris: *Storia di Pirandello*, Laterza, Bari 1977.

Simona Costa: *Luigi Pirandello*, La Nuova Italia, Firenze 1978.

Georges Piroué: *Pirandello*, Sellerio editore, Palermo 1980.

Enzo Lauretta: *Luigi Pirandello*, Mursia, Milano 1980.

Alfredo Barbina: *La biblioteca di Luigi Pirandello*, Bulzoni, Roma 1980.

Maurizio Del Ministro: *Pirandello. Scena personaggio e film*, Bulzoni, Roma 1980.

Giovanni Macchia: *Pirandello o la stanza della tortura*, Mondadori, Milano 1981.

La poesia di Pirandello, Atti del convegno di Agrigento su "Pirandello poeta" (interventi di Barilli, Corsinovi, Lugnani, Zappulla Muscarà e altri), Vallecchi, Firenze 1981.

Antonio Illiano: *Metapsichica e letteratura in Pirandello*, Vallecchi, Firenze 1982.

Carlo Tamberlani: *Pirandello nel "teatro... che c'era"*, Bulzoni, Roma 1982.

Nino Borsellino: *Ritratto di Pirandello*, Laterza, Bari 1983

Franco Zangrilli: *L'arte novellistica di Pirandello*, A. Longo, Ravenna 1983.

Alcuni giudizi critici

Adriano Tilgher

In Studi sul teatro contemporaneo (1923) *Adriano Tilgher esponeva compiutamente la sua teoria sull'arte e sul teatro. Parimenti impostava il problema critico dell'arte pirandelliana, fondato sull'antitesi fra Vita e Forma. Stralciamo un brano significativo.*

L'antitesi è perciò la legge fondamentale di quest'arte. L'inversione dei comuni ordinarii abituali rapporti della vita trionfa sovrana. Fra le comemdie, *Pensaci, Giacomino!* svolge il motivo del marito che riconduce a viva forza presso la moglie il giovane amante di lei; *L'uomo, la bestia e la virtù*, al contrario, il motivo dell'amante che riconduce a viva forza il marito nel talamo coniugale; *Ma non è una cosa seria*, il motivo del matrimonio antidoto contro il pericolo del matrimonio; e fra le novelle, *Da sè*, il motivo del morto che se ne va con le sue gambe al cimitero godendo di tante cose di cui né vivi né morti si accorgono e godono; *Nenè e Ninì*, il motivo di due orfanelli che sono la causa della rovina di tutta una serie di patrigni e matrigne; *Canta l'epistola*, il motivo di un duello mortale causato dall'estirpazione di un filo d'erba; *Il dovere del medico*, il motivo del medico che per dovere lascia che il malato affidatogli muoia dissanguato; *Prima notte*, il motivo di due coniugi che la passano piangendo sulle tombe l'una del fidanzato, l'altro della prima moglie; *L'illustre estinto*, il motivo di un illustre estinto sepolto di notte e di nascosto come un cane mentre al suo posto un ignoto riceve onori regali, e basta, ché non si finirebbe più di esemplificare.

Dualismo della Vita e della Forma o Costruzione; necessità per la Vita di calarsi in una Forma ed impossibilità di esaurirvisi: ecco il motivo fondamentale che sottostà a tutta l'opera di Pirandello e le dà una ferrea unità e organicità di visione

Ciò basta da solo a far comprendere di quanta freschissima
attualità sia l'opera di questo nostro scrittore. Tutta la filosofia moderna da Kant in poi sorge sulla base di questa intuizione profonda del dualismo tra la Vita, che è spontaneità as-
soluta, attività creatrice, slancio perenne di libertà, creazione continua del nuovo e del diverso, e le Forme o Costruzioni o schemi che tendono a rinserrarla in sé, schemi che
la Vita, di volta in volta, urtandovi contro, infrange dissolve fluidifica per passare più lontano, creatrice infaticata e
perenne. Tutta la storia della filosofia moderna non è che la
storia dell'approfondirsi del conquistarsi del chiarificarsi a se
medesima di questa intuizione fondamentale. Agli occhi di
un artista che di questa intuizione viva – è il caso di Pirandello – la realtà appare nella sua stessa radice profondamente drammatica, e l'essenza del dramma è nella lotta fra la
primigenia nudità della vita e gli abiti o maschere di cui gli
uomini pretendono, e debbono necessariamente pretendere,
di rivestirla. *La vita nuda, Maschere nude*. I titoli stessi delle
opere sono altamente significativi.

Corrado Alvaro

*Quando Pirandello conseguì nel 1934 il Premio Nobel, Cor-
rado Alvaro scrisse per "La nuova antologia", 16 novembre
1934, un articolo – che riportiamo quasi per intero – dal
titolo* Pirandello, Premio Nobel 1934. *È un articolo che con-
tribuisce ad avvicinarci alla personalità artistica e umana dello scrittore siciliano.*

La sua lingua, al principio ripicchiata e di vocabolario, diviene nel meglio della sua opera un modo d'esprimersi naturale, come si esprimono gli elementi nella luce; le sue manie
a un certo punto investono l'uomo e divengono rimpianti di
angeli decaduti, incubi, segni del destino. Tanto è vero che
non c'è grande poeta senza idee fisse.
Non è chiara ancora la trasmutazione dei valori nell'arte pirandelliana; non è chiara l'operazione per cui i suoi personaggi provinciali, vestiti di nero, divengono i rappresentanti
d'un mondo borghese preso dalla vertigine del mutamento
d'un'epoca. E non è chiaro come la grossa farsa paesana tor-

na con lui, a una data temperatura, al modello d'una commedia classica. V'è in lui una forza, più che governata, pri-
mordiale, un risentimento atavico di destini umani; soltanto
un provinciale che serbi i sogni e gl'ideali del fanciullo di
provincia verso un mondo più alto e più puro, verso l'astra-
zione e i concetti, poteva operare la trasmutazione dell'arte
pirandelliana per la quale, nelle esplicazioni maggiori, non
si può parlare quasi d'altro che d'una forza di convinzione e
d'una qualità di fede. Il suo segreto e la sua forza stanno in
quello che credette fanciullo e uomo giovane, nei suoi stessi
pregiudizi: nell'eredità insomma del suo ceppo borghese, nel
doloroso decoro dei borghesi di provincia, nel loro sacrificio
oscuro, nella loro facoltà di ammirare e di credere, perfino in
una certa dose di malignità e di cattiveria, di emulazione, di
orgoglio e di culto delle apparenze, d'ideali e d'impulsi segreti pei quali alla fine, giunti alla scoperta del mondo, ne
rifuggono inorriditi, poiché lo immaginano sempre più alto
e più nobile. La rivolta di Pirandello davanti ad alcuni fatti
non ha più che queste ragioni e spinte. Egli appartiene a una
classe che ha una storia di ideali e di sacrifici. Sulle prime, la
stessa società di cui Pirandello ha fatto la storia è saltata in
piedi indignata, quasi quanto sono indignati i suoi personaggi di scoprirsi sul palcoscenico. Essi credono alla purità e
all'onestà, hanno diviso il mondo in bene e in male, e questi limiti non li hanno mai aboliti; credono in una verità as-
soluta e incontrovertibile, ciascuno ha in sé il suo odio e il
suo giudice; lottano contro la malignità umana che strap-
pa loro gli ultimi schermi e le ultime povere e dignitose apparenze, si confessano a un certo punto con dolore; vorrebbero essere ben alti, ben grandi, ben puri; anche se non v'è
posto ad altezza e a grandezza. Vorrebbero che vi si credesse
ancora. Quando il Padre, nei *Sei personaggi*, comincia a nar-
rare di sé, lo fa quasi in sogno; in genere, nell'opera pirandelliana, quando l'uomo comincia a raccontare di sé ad alta
voce scopre quale è veramente egli stesso: la colpa, il peccato, l'orrore, sentimenti ben forti nell'opera dello scrittore,
prendono consistenza come una lastra fotografica al reagente
degli acidi: è il definirsi, che uccide gli uomini; l'atto della
parola diviene una forma di confessione e di espiazione; i
drammi si compiono parlandone; fino a quando tutto rimane

sepolto nel fondo della coscienza, è ancora increato e ingiu-
dicato, e l'uomo è tranquillo; parlando, l'uomo crea e foggia
se stesso, stabilisce il suo destino. Per arrivare a questo, oc-
correva uno scrittore penetrato di tanti elementi indefiniti
della coscienza, colpito dagli stessi pregiudizi che tessono il
destino degli eroi dei drammi antichi e che fanno il fondo
della psicologia popolare, della sua giustizia e delle sue leggi
oscure. L'uomo s'inventa e si scopre parlando...

Pirandello coglie esattamente questo momento, prima ancora
che quindici anni di critica e di fatti compiano l'opera: la
sua apparizione sull'orizzonte del teatro ha questo valore an-
nunziatore. Davanti allo smarrimento di se stessi e al crepu-
scolarismo, la stracca commedia di salotto diventa in Pirandello ancora capace di reazioni: l'uomo vi si rivolta come un
disperato eroe, la revisione dei valori convenzionali e la ricerca d'una leva morale divengono fin troppo acute. Alla fine, l'individuo in giacchetta potrebbe portare un peplo di
tragedia: può di nuovo uccidere, cioè offendere, affermare il
valore d'una verità fondamentale, d'un fatto morale e d'una
coscienza Nel dramma borghese tutto finiva fatalmente nel
suicidio. Il valore dell'apporto pirandelliano alla rappresentazione del costume è in una specie d'intuizione della società nuova; i suoi personaggi si possono ridurre a una sola e-
spressione e a un solo atteggiamento: la reazione a tutto
quello che nella società è senza più contenuto vitale, un cam-
mino a ritroso dagli appetiti agli istinti. Uccidere diventa in
Pirandello la sanzione dell'istinto, la voce del sangue, il ritorno dell'uomo a una fatalità umana e a una legge. Una
delle vie per cui opera Pirandello è l'amletismo; tutti i suoi
personaggi hanno in sé qualcosa di Amleto, e tra questi un
discendente diretto è il suo *Enrico IV*. Come Amleto, i suoi
personaggi, in un mondo di tradizioni consunte, portano qualcosa di essenziale, e il sapore della morte, e il dèmone del
pensiero in confronto con la debolezza della volontà. Anche
in Pirandello appare la demenza come una via per riguada-
gnare il senso della personalità umana, e qualcosa di fatale
che supera la stessa personalità e volontà dell'uomo. Siamo,
cioè, al ritorno d'una verità e d'un valore morale di sentimenti, ritorno tanto insopprimibile, connaturato quasi all'essenza

umana, da manifestarsi con la violenza con cui si manifestò nel dramma greco. A un certo punto le leggi morali acquistano la violenza dell'istinto, e colpiscono ciecamente come colpiva il destino.
Si apre così il sipario sull'animo dell'età nuova, degli uomini nuovi.

Massimo Bontempelli

Un contributo fondamentale alla comprensione e alla definizione dell'arte pirandelliana fu dato da Massimo Bontempelli. Dal discorso commemorativo pronunciato il 17 gennaio 1937 e raccolto nel volume Introduzioni e discorsi, *Bompiani, Milano 1945, riportiamo alcuni brani significativi.*

Luigi Pirandello si affacciò anima candida alla vita e alla intelligenza delle cose, in uno dei tempi meno candidi che si possano immaginare. L'ultimo quarto dell'Ottocento è un tempo in cui la qualità principale è l'abilità, che anch'essa è lontana al possibile dal candore. Volendoci stringere nel campo dell'arte, dei maggiori di quel tempo il solo Verga era un elementare. Anche a scendere di qualche anno sarebbe confusione credere Pascoli un candido: Pascoli è un composito.
Quel tempo, con gli anni che lo seguono fino alla guerra d'Europa, segna la fine del mondo romantico, nato diciannove secoli prima. E nell'opera di Pirandello il mondo romantico e le sue postreme deduzioni si distruggono fino all'ultima cellula.
Di qua dal mondo che Pirandello ha denudato – ecco la denuncia – la compagine umana non può trovare che la distruzione totale, o il ricominciamento. Ricominciare, dai primi elementi. Ma ricominciare carichi delle esperienze assorbite e dimenticate.
[...]
Ma per ricominciare con onestà occorre vedere chiaro intorno a sé, rendersi conto delle condizioni raggiunte dalla conoscenza umana; e, a costo di tutto (ecco lo spirito candido) a costo di tutto "denunciare le conseguenze".
Per potere far questo, l'arte di Pirandello comincia sùbito,

d'istinto, con un atto audace. Egli non sceglie i suoi personaggi. Quasi tutta l'arte narrativa e teatrale prima di lui s'era
aggirata intorno alle individualità tipiche, era una messa in
valore di persone, dall'immancabile protagonista giù per una
gerarchia bene stabilita di caratteri. Questa scelta e misura-
zione e giudicamento senza appello era il lavoro fondamentale dello scrittore.
Pirandello non ha scelto. Ha messo le mani in mezzo a un
groviglio di gente e ha tirato su come con le reti, uomini e
donne a grappoli. Era quella la piccola borghesia della fine
dell'Ottocento, margine d'una più grossa borghesia in dis-
soluzione. Come non li ha scelti, così non li ha giudicati, non
ha voluto valutarne le tendenze e le credenze individuali: un
più vasto giudizio aveva egli da preparare. Li ha presi come
venivano e come stavano, ha mostrato di accettare le loro
leggi, convenzioni, mediocri costumi, la loro abbandonata incapacità. La umanità del mondo pirandelliano è veramente
– per servirmi d'una parola venuta in grande uso alcuni anni più tardi, cioè con la guerra – "massa".
Tuttavia massa non puoi chiamarla.
Questa parola "massa" è carica di energia. È spaventosa.
Dà un senso di forza cieca. La massa, piena di forza e tutta
in sé coesa, è priva di volontà possibile, di ansia. Occorre un
volere che la superi a farle da motore, che tutta unita la sca-
gli a un fine, ad aprire varchi, a sommuovere; lui le dà le
sue leggi nuove, le sue convenzioni. La guerra ci ha insegna-
to l'espressione "massa di manovra".
Invece la umanità in cui Pirandello ha affondato le mani
fin da principio, per farsene materia alla creazione d'un mondo suo proprio, non era se non un groviglio che si sente vivere; non massa, e quasi neppure folla: non incapace di an-
sie, ma nuda di energie. In ognuno – perché quel groviglio
è pur fatto di tanti "ognuno" – suppura una certa dose di
piccola volontà, ma piuttosto che volontà è voglia, e manca
di direzione; nel tutto non c'è quel tanto di coesione da farlo
diventare peso di manovra in mano a un volere.
[...]
Se voi leggete specialmente i primi volumi dei racconti, quel
mondo di stanzucce, scialletti, lettini di ferro, spalle strette,
finestre sul vicolo, luci stentate, anime chine, piccole croci, vi

pare un mondo già pronto per l'ultimo respiro e che senza
spostare niente basti un piccolo tocco per farne un cimitero.
In realtà tutte quelle persone non sono affatto pronte alla
morte, penano perché non si sentono abbastanza vive. Il dramma pirandelliano è già dai principii, e sarà sempre, proprio
questo: la rappresentazione del primo movimento in cui nasce la vita; quella smania per cui basta che tu getti un po'
d'acqua sopra un po' di terra, e in breve ecco un brulicare di
vite vegetali e animali che stavano ansiose in un angolo del-
l'increato ad aspettare.

Diego Fabbri

*Al "Congresso internazionale di studi pirandelliani", tenutosi
a Venezia nell'ottobre 1961, Diego Fabbri presentava una
comunicazione su "Pirandello poeta drammatico", dalla quale
stralciamo un brano significativo.*

In fondo quel che Pirandello stima e rispetta e ama di più
nel teatro è il pubblico, quel pubblico che vede, osserva, analizza ogni sera, di cui studia e rispetta le reazioni, quel pubblico che non riesce mai ad offenderlo anche quando lo con-
trasta e gli si oppone. Sul palcoscenico, in fondo, Pirandello
potrebbe fare tutto da solo: l'autore, come lo fa, ma anche
l'attore, e il regista; e dello scenografo, dopo tutto, che bisogno c'è perché accada quel che lui, l'autore, vuol fare accadere? Gli basta un palcoscenico nudo e un po' di luce...
Ma il pubblico no, quello non se lo può creare, non lo può
in nessun modo sostituire, e non lo può — e non lo vuole —
nemmeno influenzare. Io e il pubblico siamo già il teatro, sembra dire Pirandello.
Eppure pochi come lui hanno *vissuto* il teatro nella molte-
plicità dei suoi elementi e dei suoi motivi. Pochi come lui
sono stati — direi *organicamente*, costituzionalmente — *teatro*
fin dalle origini della sua attività non soltanto letteraria, ma
umana. Pirandello s'è portato dietro, s'è cresciuto dentro il
teatro fin dal primo racconto; e prima, prima ancora: fin dal
giorno in cui ha contemplato e sentito e poi giudicato i fatti della vita, i drammi di "relazione" che lo circondavano e
stringevano da vicino e lo colpivano, nella casa, nelle perso-

ne care, nelle cose. È con questo intenso carico umano di vicende vere già raccolte e intrecciate in un viluppo alternamente drammatico, che Pirandello passa naturalmente e inconsapevolmente dal *teatro della vita* al *teatro del palcoscenico*. Ho detto inconsapevolmente: poiché il vero e proprio palcoscenico ch'era lì, nella sua concretezza, a dargli la consapevolezza del teatro teatrale, è naturalmente scansato da Pirandello quasi a convincerlo, o a illuderlo, che, dopo tutto, quello che s'accingeva a fare non era teatro, o per lo meno non era quel certo teatro fatto, appunto, di un palco con gli attori e di una platea con il pubblico – separati, distinti – e distanti, entità diverse. Quando Pirandello si deciderà, di malavoglia e a malincuore, a salire sul palco, ne aveva già ampiamente rimosso le strutture e le separazioni con la vita della platea. Non potendo, non volendo rimodellare la vita del pubblico – ch'è sacra perché è vera –, Pirandello aveva già sommosso la vita del palcoscenico.

Luigi Ferrante

In questo scritto su "La poetica di Pirandello", presentato al "Congresso internazionale di studi pirandelliani" del 1961, Luigi Ferrante analizza acutamente il rapporto tra Pirandello "poeta" e Pirandello "artista".

Parlando dell'umorismo e muovendo dalla sua poetica, Pirandello ha introdotto motivi nuovi nella cultura filosofica italiana: se non disegnano una estetica, recano un contributo sovente geniale al dibattito intellettuale. Il "momento critico" posto, intimamente, accanto al "momento creativo" il rapporto interiore tra intuizione e riflessione, passione e razionalità, memoria e coscienza, sono i temi delle poetiche europee del Novecento. Non è di poco conto il fatto che Pirandello prenda come esempio dell'umorismo e del "sentimento del contrario" un personaggio di Dostojevskj, Marmeladoff, e un'opera come *Delitto e castigo*.[1]
Nasce, con l'Umorismo, la pirandelliana finzione consapevole: portata sulla scena, rivoluzionerà la poetica della teatralità

[1] In *L'umorismo*, pag. 127.

affermata sin dai tempi della riforma goldoniana, il "naturale e verisimile", un nuovo linguaggio critico imporrà all'attore di lasciare la maschera e di porsi al centro, tra realtà, e finzione, nell'inquietudine problematica. Il confronto tra l'esistenza e l'arte sarà questo: vera la scena quando la vita è mistificazione, vero il personaggio quando l'uomo finge d'essere come non è.

La vena ideale pirandelliana ha diramazioni antiche, un modo di assumere gli argomenti e di svolgerli che ha fatto pensare ai sofisti. Sarebbe errore cercare, nella filosofia, in Gorgia poniamo (come è stato fatto) o anche nel momento dell'idealismo i "concetti" pirandelliani. Cerchiamoli nella letteratura e nel teatro comico. Non va dimenticato, infatti, che la logica, nella nostra letteratura comica ha carattere formale, neosofistico e aristotelico, spesso riproduce la forma del sillogismo, rivela l'obiettivo dei suoi "assalti", l'educazione scolastica e retorica, una concezione della società fondata su concezioni dette morali che si volevano eterne anche nell'ingiustizia e nell'errore. I più antichi strumenti, la antilogica e la logica formale, permangono nel loro valore agonistico lungo un arco plurisecolare: la logica, fondata sulle premesse categoriche che portano, "per necessità", a conclusioni determinate, abbandonato il campo della retorica scolastica, trova, nel comico, un impiego democratico.

Rifugio estremo della pietà e della malinconia, della stessa intelligenza, il comico italiano, rivela tracce d'una condizione servile, d'una rivolta che ha larghi tratti popolari; ci offre squarci d'una filosofia violata, ridotta, quasi ferocemente, a strumento antilogico e agonistico, per dimostrare l'esistenza della fame e dell'oltraggio come si dimostrava l'esistenza dell'anima.

Si pensi alla rivolta degli uomini nel teatro di Pirandello: a Ciampa ne *Il berretto a sonagli*, a Rosario Chiarchiaro ne *La patente*, ma anche ad altre figure, intellettuali e ragionanti, come Baldovino ne *Il piacere dell'onestà*, a Leone ne *Il gioco delle parti*.

Con Pirandello, dicevamo, si entra nel mondo dell'umorismo e della finzione consapevole: le forme dello scetticismo teorico e del soggettivismo pratico scorrono in una vena dialettica, la contraddizione tra il sentire individuale e la convenzione sociale appare rivelata, diventa, talvolta, il tema stesso del dramma, nelle forme concrete del teatro, non in quelle astratte della speculazione.

Il pensiero, il teatro pirandelliano, sono specchio di una società divisa, che non riesce a stabilire, tra gli individui, un dialogo morale: di qui la impossibilità di conoscersi, di comunicare, il bisogno della pietà, la rivolta contro le mistificazioni, i giudizi che ci "fissano", temi, tra gli altri, di commedie come *Così è (se vi pare)*, *Sei personaggi in cerca d'autore*.

La crisi del verismo, l'abbandono d'una indagine oggettiva, non è rinuncia ad opprofondire il rapporto individuo-società già avviato.

Mutano il metodo e il fine della ricerca.

Pirandello sentì il peso della miseria che opprimeva le popolazioni contadine del Sud; comprese il disagio morale che spegneva la piccola borghesia urbana; notò il corrompersi d'ogni forma di vita tradizionale, ma preferì cogliere, di questa realtà, gli aspetti ideali; l'impossibilità di stabilire un contatto etico profondo tra le coscienze individuali; il disintegrarsi della vita quotidiana fuori della storia; la degradazione dei sentimenti nel pregiudizio, dell'onestà nella finzione legale e, dunque, la necessità d'una nuova condizione etica.

Egli sentì la vita della società nei suoi nodi intellettuali e morali e, dunque, la storia dell'uomo avvinta a quei nodi.

L'agnosticismo del dramma *Così è (se vi pare)* dà luce al sentimento della pietà, della alienazione negli altri; il relativismo dei *Sei personaggi* mostra un tragico confronto tra esperienze individualmente sofferte che, vanamente, cercano un fondamento oggettivo per una storia da affidare agli altri; il dissidio tra la vita, mobile e irrazionale, e la storia, stabile e conseguente, coincide col "momento critico" che attraversa il dramma passionale e lo riscatta. Lo scrittore rompe, così, i nodi che avvincono una società vinta dalla mistificazione.

Pensaci, Giacomino!
1916

Personaggi

AGOSTINO TOTI
professore di Storia Naturale

LILLINA
sua moglie

GIACOMINO DELISI

CINQUEMANI
vecchio bidello del Ginnasio

MARIANNA
sua moglie

ROSARIA DELISI
sorella di Giacomino

IL CAVALIER DIANA
direttore del Ginnasio

PADRE LANDOLINA

ROSA
serva in casa Toti

FILOMENA
vecchia serva in casa Delisi

NINÍ
bambino (non parla)

Scolari del Ginnasio che non parlano.

In una cittaduzza di provincia. Oggi.

Atto primo

Il corridojo d'un ginnasio di provincia. Nella parete di fondo s'aprono a ugual distanza l'uno dall'altro tre usci, ciascuno con una tabella sopra: — Classe I. — Classe II. — Classe III. — Davanti a questa parete corrono tre archi sostenuti da due colonne. A destra e a sinistra, due pareti laterali. Nel mezzo a quella di destra, un uscio con la tabella: — Gabinetto di Storia Naturale. — In quella di sinistra, a riscontro, un altro uscio con la tabella: — Direzione. — Allo spigolo di questa parete, la campana della scuola, con la catenella pendente. Nella parete di destra, presso l'uscio del Gabinetto di Storia Naturale, un tavolino e una sedia per il bidello. Destra e sinistra dell'attore.

La scuola sta per finire. Al levarsi della tela, Cinquemani, vecchio bidello, passeggia per il corridojo, col berretto gallonato e uno scialle grigio peloso sulle spalle. Ogni tanto si ferma, alza le mani coi mezzi guanti di lana e le scuote in aria, come per dire: « Dio che baccano! » Difatti, attraverso l'uscio del Gabinetto di Storia Naturale si sente un grande schiamazzo di alunni. All'improvviso si spalanca l'uscio a destra e il Direttore Diana irrompe sulle furie, gridando:

DIRETTORE. Ah, lo farò finire io questo scandalo!

Corre ad aprire l'uscio dirimpetto e subito ogni rumore cessa.

DIRETTORE (*gridando dalla soglia*). Professor **Toti**, le par questo il modo di tenere la disciplina?

Poi, fingendo di rivolgersi a un alunno e quindi a un altro:

Che fa lei vicino alla finestra? — E lei, costà fuori del banco? — Dico a voi! Dico a voi! — Via tutt'e

due! Raccogliete i vostri libri, e via! — Professor Toti, prenda i nomi di codesti due alunni!

I due alunni, rossi, mortificati, coi libri sotto il braccio,
vengono fuori dall'uscio.

V'insegnerò io a stare in classe! Intanto, esclusi per
tre giorni! E ne avvertirò a casa i vostri genitori!
Via!

I due alunni, col mento sul petto, se ne vanno per il corridojo,
svoltando a destra.

Professore, la prego, venga fuori un momento! —
Come? Che cos'è?

Con uno scatto di maraviglia e d'ira insieme:

Uh! Lo tenga, lo tenga, perdio! Se lo fa scappare
dalla finestra?

Voltandosi verso il bidello:

Cinquemani, correte alla Palestra ginnastica: è scap-
pato un alunno!

Cinquemani, via.

Toti (*venendo fuori dal Gabinetto. È un vecchietto di settant'an-*
ni, che si regge a stento sulle gambe. Porta ai piedi un pajo
di scarpe di panno; in capo una papalina di velluto nero, e
rigirata attorno al collo una lunga sciarpa verde che gli pen-
de coi pèneri davanti e dietro). Posso assicurarle, signor
Direttore, che quel giovine non era della classe.

DIRETTORE. E chi era allora? Come si trovava alla sua
lezione?

Dalla soglia, agli alunni che tornano a schiamazzare:

Silenzio! Nessuno s'attenti a fiatare!

Fremendo, al professor Toti:

Si spieghi! Risponda!

Toti (*placido e sorridente*). E che vuole che le risponda,
signor Direttore? Non saprei. Con la faccia al muro — cioè, alla lavagna, propriamente — ecco, lei

può vederlo di qua: scrivevo famiglie, specie e sotto-
specie di scimmie.

Gli alunni, dall'interno, scoppiano a ridere; e allora lui,
in un comico scatto di furore, dalla soglia:

E fate silenzio, maleducati, almeno mentre parlo col
signor Direttore!

DIRETTORE (*con un gesto di disperazione*). Ma mi faccia il
piacere!

Poi con altro tono:

Mi dica come, donde era entrato nella sua classe
quel giovine?

TOTI. Ma forse dalla finestra, signor Direttore. Entrato e uscito.

DIRETTORE (*a un nuovo scoppio di risa degli alunni*). Silenzio, o vi caccio via tutti quanti per quindici giorni!

Al professor Toti:

Ah lei dunque lascia entrare chi vuole dalla finestra,
mentre fa lezione?

TOTI. No, ecco: mettiamo le cose a posto, signor Direttore: è anche colpa del portinajo che dorme davanti
al portone della scuola, senza badare a chi s'intro-
duce nella palestra ginnastica. C'è — lei la vede —

indica nell'interno della classe

quella finestra lí: si scala con nulla: basta alzare un
piede e si è in classe.

DIRETTORE. E lei? Che ci sta a far lei sulla cattedra?

TOTI. Santa pazienza! Con la faccia al muro... cioè, a-
la lavagna... Non badi, signor Direttore: quel giovi-
notto, forse perché amante degli animali

e aggiunge piano, con bonomia e quasi tra parentesi, co-
me per far vedere che una tale sciocchezza sa dirla anche
in greco:

— zoofilo, zoofilo — stava attentissimo. Tanto che
neppure me n'ero accorto.

Direttore. Ho capito, ho capito. E ne riparleremo piú
tardi, professore. Intanto...

Cinquemani (*sopravvenendo, sbuffante*). Niente! Come il
vento! Non s'è visto di dove è sparito!

Direttore. Sonate, sonate la campana, Cinquemani!

Toti. Parola d'onore, signor Direttore...

Direttore. Le dico che adesso ne riparleremo, professore. Lasci prima andar via gli alunni.

*Cinquemani s'appende alla campana della scuola e la
suona a lungo, com'è solito ogni giorno. S'aprono gli usci
delle classi e ne escono rumorosamente gli scolari. Alcuni,
vedendo i Direttore, subito fan silenzio e si levano il cappello. Anche dal Gabinetto di Storia Naturale escono gli
alunni, ma zitti e composti. Il professor Toti non può
tenersi di salutarne qualcuno con la mano o di fare un cenno
a qualche altro, subito represso da uno sguardo severo del
Direttore. In breve il corridojo è sgombro. Cinquemani,
durante la scena seguente, si leverà il berretto e si legherà
attorno alla fronte un gran fazzoletto rosso, di cotone, a
fiorami; si leverà i mezzi guanti e lo scialle e indosserà un
lungo càmice turchino tratto dal cassetto del tavolino. Intanto sopravverranno la moglie Marianna e la figlia Lillina
con le scope e altri attrezzi per far la pulizia delle classi.*

Direttore. Oh dunque. Le pare, professore, che si
possa seguitare cosí? Che io debba sacrificarmi, con
tutto il da fare che ho, ad assistere ogni volta alle
sue lezioni?

Toti. Veramente, ecco —

Direttore. Mi lasci dire. Per una volta che non posso,
ecco che lei per poco non mi butta all'aria il ginnasio
col baccano della sua classe.

Toti. Ma sarà forse per la vivacità, che vuole che le dica, con cui faccio lezione. Parlando delle scimmie...

Cinquemani (*sfilandosi i mezzi guanti e tentennando il capo,
sospira lamentoso*). Che scimmie e scimmie!

Toti. Voi, caro Cinquemani, silenzio, prego! Do spiegazioni al Direttore in questo momento. Fanciulli, signor Direttore! Sentono parlare della coda prènsile; sentono dire che hanno quattro mani; pensano che giusto abbiamo qua un bidello che ne ha cinque e — fanciulli — si mettono a ridere.

DIRETTORE. Ma non dica cosí, professore! Lei m'indispone!

CINQUEMANI. Ecco! Benissimo! In-dis-pone!

DIRETTORE. Non v'immischiate voi, Cinquemani!

CINQUEMANI. Mi scusi, signor Direttore; ma creda che tutto questo baccano fa il capo anche a me come un cestone; e poi...

DIRETTORE. Basta, v'ho detto! State al vostro posto!

TOTI. Ma sí, ma basta, che diavolo! Per due ragazzi! Non mette proprio conto...

DIRETTORE. Ah questo no! Come non mette conto? La disciplina! La dignità della scuola!

TOTI (con risoluzione). Signor Direttore, vogliamo parlare sul serio?

DIRETTORE. Come, sul serio? Ah le pare ch'io le stia parlando per ischerzo?

TOTI. No, dico, sul serio, se vogliamo venire al vero punto della questione, ecco. L'orario, signor Direttore! Mi arrivano stanchi questi ragazzi all'ultima ora. Dalle otto e mezzo seduti — braccia conserte — all'ultima ora, posso pretendere che stieno fermi placidi là, come vuol lei?

Di scatto:

Ha un temperino, scusi?

DIRETTORE (stordito). Che cosa le salta di venirmi a domandare un temperino, adesso?

TOTI. Se vuol farsi un taglietto a un dito, piccolo piccolo; o lo vuol fare a me? Per farle vedere che alla nostra età, cavaliere, il sangue è acqua: acqua di malva. Consideriamo, santo Dio, questi ragazzini che

hanno fuoco invece nelle vene, e friggono! Io li guardo serio, non creda:

con atteggiamento napoleonico

— cosí! — Ma le giuro che quando me li vedo davanti
con certe facce da santi anacoreti, mentre son sicuro
che sotto sotto me ne stanno combinando qualcuna...

Ride.

DIRETTORE. Eh sfido, se lei ci sciala cosí!

TOTI (*subito*). No no, li guardo serio!

Rifà il gesto di prima.

DIRETTORE. Io non so! Come se non mancassero di rispetto a lei!

TOTI. A me? No. Mancano di rispetto al professore!

DIRETTORE (*per troncare, severo*). Scusi, da quanti anni
insegna lei?

TOTI. Perché?

DIRETTORE. Mi risponda, la prego.

TOTI. Da trentaquattro.

DIRETTORE. E non ha famiglia, è vero?

TOTI. Solo. Che famiglia! Io e mia moglie, quando c'è
il sole.

DIRETTORE. Sua moglie? Come sarebbe?

TOTI. La mia ombra, signor Direttore; a spasso, per via.
A casa, il sole non c'è, e non ho piú con me neanche
la mia ombra.

DIRETTORE. E quanti anni, scusi?

TOTI. Trentaquattro.

DIRETTORE. No, dico d'età: sessantacinque, sessanta-
sette?

TOTI. Faccia lei.

DIRETTORE. Facciamo settanta? Bene. Senza famiglia.
Trentaquattro d'insegnamento. Non credo che possa
provar gusto a insegnare ancora?

TOTI. Gusto? Me li sento pesare sul petto come trentaquattro montagne!

DIRETTORE. E allora perché non si ritira? Ha quasi il massimo della pensione!

TOTI. Ritirarmi? Lei scherza! Ah, dopo piú d'un terzo di secolo che porto la croce, il Governo mi paga per altri cinque o sei anni — e voglio mettere sette, e voglio mettere otto — quattro soldi di pensione e poi basta?

DIRETTORE. O che vorrebbe di piú? Ritirato, a riposo...

TOTI. Già! A sbattermi la testa al muro; vecchio e solo.

DIRETTORE. E che colpa ha il Governo, se lei non pensò a metter famiglia a tempo?

TOTI. Ah, dovevo metter famiglia a tempo, con lo stipendio che m'ha dato, per morire di fame io, mia moglie e cinque, sei, otto, dieci figliuoli — (eh, capirà, quando uno ci si mette!) — Pazzie, cavaliere mio! E ringrazio Dio che volle guardarmi sempre dal farlo. — Ma ora, sa? ora la piglio.

DIRETTORE. Che? Ora? Prende moglie?

TOTI. Sissignore. Ora sí. Il Governo con me non se la passa liscia! Calcolo quando pare a me che mi debbano restare altri cinque o sei anni di vita, e prendo moglie, sissignore! per obbligarlo a pagar la pensione, non a me soltanto, ma anche a lei dopo la mia morte.

DIRETTORE. Oh quest'è bella! E vuol prender moglie per ciò, alla sua età?

TOTI. L'età... Che c'entra l'età! Mi accorgo che lei è come tutti gli altri, allora; vede la professione e non vede l'uomo; sente dire che voglio prender moglie — s'immagina una moglie — e me marito — e si mette a ridere; o s'inquieta come poco fa, credendo che i ragazzi diano la baja a me, mentre la dànno al professore. Altro è la professione, altro è l'uomo. Fuori, i ragazzi mi rispettano, mi baciano la mano. Qua fanno anch'essi la professione loro, di scolari, e per forza debbono dar la baja a chi fa quella di maestro e la fa come me, da povero vecchio stanco e seccato.

— Io mi prendo una giovine — povera, timorata, di
buona famiglia — la quale, sí, dovrà pur figurare da
moglie davanti allo stato civile, altrimenti il Governo non le pagherebbe la pensione. Ma che moglie
poi! che marito! Roba da ridere, all'età mia! Sono e
resterò un povero vecchio che avrà ancora per cinque o sei anni il conforto d'un po' di gratitudine per
un bene che avrò fatto alle spalle del Governo, e
amen.

DIRETTORE. Ma sa che lei è un bel tomo, professore?
Mi congratulo! Uomo di spirito!

TOTI. Già, perché lei adesso si sta figurando di vedermi...

Fa con le mani un gesto ampio di corna sulla testa.

DIRETTORE. No, che! Dio me ne guardi!

TOTI. Sono nel conto, sa! Segnate al passivo in precedenza! Ma non per me: se n'andranno in testa alla
mia professione di marito, che non mi riguarda se non
per l'apparenza. Io anzi vedrò di far tanto che il
marito — come marito — le abbia.

DIRETTORE. Oh questa è piú bella della prima!

TOTI. Eh sí! Altrimenti, povero vecchio, come potrei
aver bene? Corna, a ogni modo, senza radici, se marito non sono, non voglio né posso essere. Pura e semplice opera di carità. E se poi tutti gli imbecilli del
paese ne vorranno ridere, e ne ridano pure: non me
n'importerà proprio niente!

DIRETTORE. Giustissimo! Dato il principio... E li man-
geremo presto codesti confetti?

TOTI. Non manca per me. Cerco. Appena trovo... Ma
l'ho già sott'occhio.

DIRETTORE. Le faccio fin d'adesso le mie congratulazioni. Spero che m'inviterà alle nozze?

TOTI. Come no? Il primo, si figuri!

DIRETTORE. Grazie, e si stia bene, professore.

Rivolgendosi a Cinquemani.

Cinquemani, il cappello e il bastone.

*Cinquemani entra nella Direzione e ritorna poco dopo in
iscena col cappello e il bastone del Direttore in una mano
e nell'altra una spazzola.*

Toti. Non è piú in collera con me, signor Direttore?

Direttore. Eh, guardi: come uomo, no; ma se devo
fare, come lei dice, la professione del Direttore...

Toti. Ah, è giusto, mi rimproveri come Direttore!
Purché poi, come uomo, mi stringa la mano!

Direttore. Eccola qua!

Toti. Dato il principio...

*S'avvia per rientrare nel Gabinetto di Storia Naturale;
ma scorge presso l'uscio Lillina e ritorna pian piano
verso il Direttore:*

E sa? Ragazzina la piglio — di sedici anni — per
obbligare il Governo a pagarle la pensione per almeno altri cinquant'anni dopo la mia morte. Non
se la passa liscia con me, il Governo, glielo giuro!

Rientra nel Gabinetto di Storia Naturale.

Cinquemani (*avvicinandosi al Direttore con la spazzola*).
Permette, signor Direttore?

Si mette a spazzolarlo.

Ah che tipo! Capace di farlo, sa? Di ciò che la gente
possa dir di lui, non s'è mai curato. Può star certo
che prende moglie davvero!

Direttore. E vedremo anche questo! Addio.

Cinquemani. Servitor suo, signor Direttore.

*E appena andato via il Direttore rivolgendosi alla moglie
e alla figlia, lí in attesa:*

Su, su oh! sbrighiamoci!

Marianna. Eh già, manca per noi difatti! Da un'ora
qua ad aspettare, con tutto il da fare che ho su;
a sentir certe sudicerie!

Cinquemani. Ssss, sta' zitta!

*Indica l'uscio del Gabinetto di Storia Naturale, dove è
entrato il professor Toti.*

MARIANNA. Mi senta, mi senta, che gli sta bene! Ho i capelli bianchi, e me li ha fatti diventar rossi dalla vergogna!

Entra nella terza classe, con la scopa ecc.

CINQUEMANI. Maledetta linguaccia delle donne! Va' in terza subito, non perdiamo altro tempo!

Alla figlia:

E tu, in quarta!

LILLINA. Io, in quarta? Perché? Ci vada lei! Io pulirò qua, al solito.

Indica il Gabinetto di Storia Naturale.

CINQUEMANI. Ordine e obbedienza, perdio! Su in casa comanda tua madre; qua in iscuola comando io!

MARIANNA (*affacciandosi dall'uscio della terza con la scopa in mano*). Il vice-direttore, eccolo là! — « In terza! In quarta! In quinta! » — Con quel càmice, in pompis, sputa tondo e non fa nulla!

CINQUEMANI (*a Lillina che ride, alzando la scopa*). Ah tu ridi, malcreata? Vuoi vedere che vi prendo a scopate tutt'e due?

Gridando alla moglie che è rientrata in classe:

Chiudi codesta porta, mentre spazzi, arruffona, e apri la finestra, se no tutta la polvere si butta qua nel corridojo e tocca mangiarmela a me!

Alla figlia:

Subito in quarta, t'ho detto!

LILLINA. In quarta non ci vado, papà: mi ci sento soffocare! Ci vada lei, mi faccia il piacere!

CINQUEMANI. Ma non vedi che c'è ancora il professore?

LILLINA. Oh bella! E gli dica che esca! Non possiamo mica star qua fin a sera ad aspettar che se ne vada!

CINQUEMANI. Quest'è giusto!

Facendosi alla porta del Gabinetto di Storia Naturale e parlando al professor Toti:

Professore, ancora costí? Se ne vada, santo Dio, che
dobbiamo far pulizia! Non basta il tempo che ci ha
fatto perdere? — Come dice? — Vuol parlare con
me? — Che?

Entra nel Gabinetto. Lillina, impaziente, sbuffa e fa
gesti di rabbia; guarda l'orologino al polso e diventa piú
che mai smaniosa, come se avesse una gran fretta d'entrare
nel Gabinetto di Storia Naturale; pesta un piede; sbuffa
di nuovo; poi china il capo e si nasconde gli occhi con
una mano.

MARIANNA (*aprendo l'uscio della terza classe e venendo fuori*
tutta impolverata con la scopa e gli altri oggetti di pulizia).
Auff! e qua è fatto!

Scorgendo la figlia:

Oh, e tu che stai a far lí?

LILLINA. Aspetto che esca il professore.

MARIANNA. È ancora là dentro? E tuo padre dov'è?

LILLINA. Parla con lui.

MARIANNA. Con lui? E che discorsi può aver tuo padre
col professore?

LILLINA. Che vuole che ne sappia io? Papà lo pre-
gò d'uscire, e lui se l'è chiamato dentro per parlargli.

MARIANNA. Ah sí? E tu stai a sentire ciò che gli dice?

LILLINA. Io? Che vuole che me n'importi? Aspetto
i loro comodi.

MARIANNA. Eh già! Tu aspetti; lui parla; e lavoro
io sola.

LILLINA. Che gusto di lamentarsi senza ragione! O-
gni giorno lei fa la pulizia in due classi. Bene: le
pulisca e se ne torni sú. Al resto penserò io.

MARIANNA. Mi piace codesto discorso! Le pulisco e
me ne torno sú! E tu rimani qua, sola, ogni giorno,
tre ore, a dondolartela.

LILLINA. Già, tra le panche! Un bel festino!

MARIANNA. Il fatto è che ti chiamo di sú, e tu non

rispondi! Con una scusa o con un'altra, ogni giorno, o te ne vieni giú apposta dopo di me, o perdi
qua tempo, ora per l'inchiostro da rifornire alle
panche, ora perché non trovi il gesso per le lava-
gne: tre ore, tre ore al giorno! Come se qua ci fosse
il vischio!

LILLINA. Ma se con la scusa che è stato qua tutta la
mattinata, papà, appena lei se ne risale, scappa via
a prender aria; e tocca a me ripulir tre classi, la
Direzione, il Gabinetto di Storia Naturale e tutto
il corridojo! E questo poi è il grazie per tutto il tempo
che perdo e la pena che mi do!

MARIANNA (*cantarellando*). Non c'è verso in questa casa,
non c'è verso... Andiamo, andiamo... Poi viene il
Direttore e si lamenta che trova tutto sporco... Oh,
bada di non farti aspettare, ragazzina!

S'avvia per il corridojo e scompare a sinistra. Lillina,
sempre piú impaziente, riguarda l'orologio, allunga dalla
soglia lo sguardo nel Gabinetto.

LILLINA. Ma che diavolo fanno?

Cinquemani rientra in iscena col viso composto a un'aria
di stupore e di gioia, come stordito e beato per uno straordi-
nario discorso che gli abbia tenuto di là il professor Toti;
e neanche s'accorge della figliuola.

LILLINA. Papà! E che? Non esce il professore?
CINQUEMANI. Ah, no... Aspetta te. Vai, vai...

> Sorride e la carezza sotto il mento.

LILLINA. Dove? Là dentro?
CINQUEMANI. Sí, vai; non aver soggezione!
LILLINA. Che significa?
CINQUEMANI. Significa che vuol parlare con te.
LILLINA. Con me?
CINQUEMANI. Con te, con te, birichina!

> E di nuovo la carezza sotto il mento.

LILLINA (*perplessa e ansiosa, non sapendo ancora se debba*

rallegrarsi). Le ha detto forse... le ha detto qualcosa
per me?

CINQUEMANI. Qualche cosa per te, appunto!

LILLINA (*c. s.*). Ah, e... e lei?

CINQUEMANI (*di scatto, aombrato*). Tua madre dov'è?

LILLINA. In quinta. Ma mi dica: Lei... lei ne è contento?

CINQUEMANI. Figliuola mia, contento, se tu ne sei contenta. Ma c'è anche tua madre. E bisogna far le cose
— lo sai — con ordine e obbedienza. — Va' va' a
parlare col professore, adesso; senti ciò che ti dirà.
È anzianotto, ma — professore — uomo di giudizio.
Pare un po' strambo, ma per esser buono, è buono.

LILLINA. Eh lo so, tanto buono! E supponevo già...
mi aspettavo che... che le àvrebbe parlato per me.

CINQUEMANI. Ah, te n'aveva già prevenuto?

LILLINA. No, l'ho supposto!

CINQUEMANI. E allora, figlia...

*Vedendo apparire il professor Toti sulla soglia del Ga-
binetto di Storia Naturale, col cappello in capo.*

Ma eccolo qua!

*Prende l'annaffiatojo, la scopa, ecc., e va via per il cor-
ridojo, fingendo d'attendere alla pulizia.*

LILLINA. Ah, professore, quanto le sono grata! Che
peso, che macigno mi leva dal petto! Mi metterei
a saltare dalla contentezza, come una ragazzina.

TOTI (*con le lagrime in pelle*). Figliuola mia, che dici?
Bene? E che bene posso farti io? Bene di padre.

LILLINA. No, piú! Un padre fa bene ai suoi figliuoli;
ma li ha fatti lui: è suo dovere. Lei è piú che padre
per me!

TOTI. Sí, ma tu come padre considerami, e basta.
Avessi — dico poco — vent'anni di meno! Settanta! E dunque — padre, e nient'altro.

LILLINA. Padre, padre, sí! Lei sarà il nostro vero
padre, ecco! Ha bisogno di cura, d'assistenza: bene,

ci sarò io; la curerò io! E lei sarà anche il padrone
della mia casa e non si pentirà mai del bene che
m'avrà fatto!

Toti. Ma non dire cosí, figliuola mia! Che vuoi che
sia il po' di bene che ti fo io, di fronte a quello grande
che mi farai tu, solo a sentirti ridere contenta accanto a me?

Lillina. Io sola? Eh, saremo in due, professore, a
rider contenti e felici!

Toti. Tu e io, sí: in due!

Lillina. E Giacomino, professore? E Giacomino che
sarà piú contento di me e di lei?

Toti (*restando*). Giacomino? Come, Giacomino?

Lillina. Eh, scusi, vuole che non sia contento anche
Giacomino?

Toti (*c. s.*). Quale Giacomino?

Lillina. Come! Non è stato lui a pregarla di venire
a dire una parolina per noi a mio padre?

Toti. No, figliuola. Tu sbagli.

Lillina. Come, sbaglio?

Toti (*si prende la testa tra le mani*). Aspetta... aspetta...

Lillina. Oh Dio, che ha, professore?

Toti. Niente. Una legnata in testa. Aspetta. — Padre, eh? Che volevo essere considerato da te soltanto come padre, t'ho detto, è vero?

Lillina. Sí, certo. Ma mi dica che sbaglio può esserci
stato?

Toti. Aspetta. Dunque, padre...

*Forte, a se stesso, con rabbia, come per richiamarsi al
sentimento d'una realtà impreveduta:*

Padre, padre, padre. Non perdiamo la testa, Agostino!

*Scrollandosi, come a significare che s'è liberato d'una
illusione:*

Basta, è passato! Eccomi qua, figliuola mia. Sap-
piamoci intendere. Chi è codesto Giacomino che

tu credi sia venuto a pregarmi? Da me non è venuto
nessun Giacomino!

LILLINA. Ah, no? E allora? Che ha detto lei, allora,
a mio padre per me?

TOTI. Gli ho detto quello che or ora ho finito di dire
a te: che sono un povero vecchio, il quale potrebbe levarti da codesto stato, prendendoti con sé come
una figliuola, e basta.

LILLINA. Me sola?

TOTI (*con bonomia, senz'ombra d'irrisione*). Eh, vorresti che
mi pigliassi insieme codesto Giacomino che tu dici?
Capirai che per gli occhi del mondo...

LILLINA. Ma se è come figliuola, professore?

TOTI. Come figliuola, va bene. Tra me e te. Ma se
debbo darti uno stato, capirai, non basta che tu te ne
venga senz'altro a casa mia. Ci sarà pur bisogno...

LILLINA. E non c'è Giacomino?

TOTI. Ci sarà Giacomino, non dico di no! Ma lo stato,
in faccia alla legge, non potrà dartelo lui; te lo dovrò
dare io.

LILLINA. Professore, io non capisco più niente, allora! Ma come? Scusi... Mio padre m'ha detto ch'era
contento, se ero contenta io; per quel che lei gli aveva
detto per me.

TOTI. Sí, cara. Ma codesto Giacomino scappa fuori
adesso! Io non ne sapevo nulla; non l'ho mai visto, mai sentito nominare.

LILLINA. Mai? Giacomino Delisi, professore!

TOTI. Ah, Giacomino Delisi? Oh guarda! Bravo giovanotto, sí. Fu mio scolaro, tant'anni fa. Lo conosco.

LILLINA. E da allora, appunto...

TOTI. Ah, fate all'amore da allora? È un bel pezzo!

LILLINA. M'ha detto che lei gli vuol bene...

TOTI. Eh, sí, gliene voglio...

LILLINA. E perciò m'ero immaginata che lei avesse
parlato a papà per me: per me e per lui! Oh povera

me! Che allegrezza in sogno! E ora come faremo?
Siamo al punto di prima? E io che non posso piú
aspettare... che non posso piú aspettare, professore!

Si nasconde la faccia.

TOTI (*stupito, turbato*). Perché?

La guarda e comprende.

Ah sí?

LILLINA. Sono perduta, sono perduta! non posso piú
aspettare! M'ajuti, professore, m'ajuti!

TOTI. E che ajuto potrei darti io, povera figliuola mia?

LILLINA. Parli a mio padre; gli dica... gli dica che
conosce Giacomino, che sa che è un buon giovine;
che lei farà di tutto per trovargli un posticino...

TOTI. Io?

LILLINA. Sí, tanto da potermi mantenere! E alla fine
gli faccia comprendere che non posso piú aspettare!
Per carità, professore, per carità!

TOTI. Eh, io, per me, sí, figliuola, posso anche dirglielo. Ma ti pare che tuo padre vorrà dare ascolto a me?

LILLINA. Forse le darà ascolto! Lei è qua professore...

TOTI. Che professore, figliuola! Come professore — l'hai
visto — non mi rispetta! E poi, ti sembra che possa
credere sul serio che io abbia modo di procurare un
posto a Giacomino?

LILLINA. Non importa! Si provi a dirglielo! Forse di lei
si fiderà!

TOTI. Ma se il posto, per lui, è tutto! Tanto vero che
era contento per me.

LILLINA. Come per lei?

TOTI. Ma sí, figliuola! Siamo giusti, siete ragazzi e non
considerate tante cose! Ti sei messa con un giovanotto — buono, non dico di no, educato, ma... senz'arte
né parte, sventato... Come vuoi che ti man enga? Le
senti le campane?: « *Con che? con che?* » Non ne ha i
mezzi, e credo neanche la voglia. L'amore? L'amore
mangia, figliuola; non si mangia! Come farete a met-

ter sù casa? C'è ora anche un bambino per via... La
faccenda era già complicata con codesto benedetto
Giacomino! Ma, tanto, per me o prima o poi — meglio prima che poi! Ma ora si complica di piú! Non
bastava Giacomino; anche un Giacominino! Vuoi che
diventi padre e nonno, tutt'in una volta?

LILLINA. No, no, professore! Che dice! Lei ha ragione:
non avrei dovuto farlo; ma non so piú io stessa come
sia stato! Ora egli n'è piú pentito e disperato di me;
non sappiamo nessuno dei due come uscirne! Il tempo stringe. Ah, m'ajuti, professore, per carità, ora che
lei sa tutto, ora che, per un caso, mi son trovata a
confidarmi con lei, m'ajuti!

TOTI. Ma sí, io sono qua, figliuola mia, tutto per te.
Non vedo che potrei fare. Ora che so tutto, non
tirarmi indietro, ecco. Padre e nonno. Piú di questo?

LILLINA. No, professore! Questo non è possibile!

TOTI. Dici per me? Se è per me — a pensarci (hai
inteso ciò che ho detto al Direttore? dato il principio...) forse è meglio cosí, perché ora un po' di
bene te lo posso fare davvero. E se tu sei contenta,
un bene farò io a te; un bene potrai fare tu a me;
e potremo vivere in pace. Anche col bambino; anzi!
Un bambinuccio a cui darò la mano, da nonno:
non c'è meglio compagnia per avviarsi alla fossa.

LILLINA. Ma Giacomino, professore? Giacomino?

TOTI. Giacomino, figliuola...

fa un ampio gesto con la mano, come per dire: nascondilo!

Posso dirti anche Giacomino?

LILLINA. No! no! Non dico questo! Oh Dio, mi fa
avvampare dalla vergogna, professore!

TOTI. No, che vergogna, figliuola! Puoi far conto che
in questo momento ti stai confidando con tuo padre.
Mi dici Giacomino; io ti rispondo che Giacomino,
sí, ci sarà; ma io... io non devo saperlo... cioè lo so,
ma... ma dev'essere come se non lo sapessi, ecco!

Amico di casa; antico scolaro. E posso voler bene
anche a lui, come a un figliuolo; perché no?

LILLINA. Ma lui, professore, lui? Le sembra possibile che dica di sí? Questo può essere per me, per sal-
vare me, sí; e io gliene sono grata; ma non può essere per lui: non consentirà mai! No, guardi: l'ajuto
che m'aspetto da lei è quello che le ho già detto. Parli
a mio padre, lo persuada a farmi sposar Giacomino,
che non c'è piú tempo da perdere. Un posticino lo
troverà di certo. Lo sta cercando; lo troverà. E intanto ci facciano sposare! Ecco, questo. Mi faccia questa carità, professore! Io ora entro qua

     indica il Gabinetto di Storia Naturale

con la scusa della pulizia. Perché deve venir lui...

TOTI. Giacomino? Là?

LILLINA. Sí, viene quasi ogni giorno, a quest'ora. Credevo che oggi non sarebbe venuto perché aveva parlato con lei; e invece... Ah, com'ero contenta! Credevo d'essermi levato questo peso, questo peso che mi
schiaccia! — Vada vada a parlare a papà, professore! Io sono di là. Ma per carità non gli faccia capir
niente! E grazie, grazie, professore: mi compatisca!

*Lillina entra nel Gabinetto di Storia Naturale e richiude
l'uscio. Il professor Toti resta come stordito a considerar
l'incarico che Lillina gli ha dato e fa una lunga scena muta, significando per cenni prima la sua sfiducia di riuscire
e insieme la sua disillusione, poi come sarebbe stato bello
per lui avere un bamboccetto, piccolo cosí, da portarsi per
mano: se lo vede lí davanti; gli fa tanti attucci; ma poi
pensa che c'è di mezzo questo benedetto Giacomino! Troppi,
troppi a cui dovrebbe pensare il Governo! lui, uno; la moglie, due; Giacomino, tre; il bambino, quattro... Eh, troppi! troppi! E si gratta la testa. Guarda verso l'uscio del
Gabinetto; pensa che Lillina e Giacomino forse sono di là
insieme; e di nuovo considera la difficoltà dell'incarico;
tentenna il capo e scuote le mani con le dita raccolte per le*

punte, come a dire: « Che posso farci io? » In quest'atto lo
sorprende Cinquemani, che ritorna cauto e curioso dal cor-
ridojo a sinistra.

CINQUEMANI. Ohé, professore, che fa? Giuoca da solo
  alla morra? Dov'è Lillina?

TOTI. Se n'è andata.

CINQUEMANI. E lei?

TOTI. Me ne vado anch'io.

CINQUEMANI. Ma, insomma, le ha parlato, sí o no?

TOTI. Le ho parlato, sí.

CINQUEMANI. E che le ha risposto? Di no? Che non vuol
  saperne? E come! Pareva cosí contenta!

TOTI (*con risoluzione*). Cinquemani, sappiatemi intendere; per fare un discorso breve e venir subito al
  rimedio. L'affare non è l'scio.

CINQUEMANI. Non è liscio? Come non è liscio? Che vuol
  dire?

TOTI. Oh santo Dio! Vi ho pregato di sapermi intendere. Quando una cosa non è liscia... Scusate, che intendete per liscio voi? Liscio è cosí!

S'impala e passa diritta rasente la mano al suo corpo.

Se io ora, poniamo, mi metto qua questo cappello —

  Si leva il cappello e se lo applica sul ventre

capirete bene che —

rifà il gesto della mano che ora trova impedimento lí, nel
  cappello —

fa gobba, non è piú liscio.

CINQUEMANI. Oh, professore! Io so intendere; ma lei
  sappia parlare, quando parla di mia figlia! Che vuoi
  dire codesta gobba?

TOTI. Come diavolo debbo dirvelo, Cinquemani? Parlando d'una donna, che cosa sia questa gobba, mi
  pare che lo potreste intendere!

CINQUEMANI (*stravolto, facendoglisi addosso*). O oh! Che
  dice? Mia figlia? Badi come parla!

Afferrandolo per il petto minaccioso:

Mia figlia?

Toti. Calma, calma, Cinquemani!

Cinquemani. Chi gliel'ha detto? Gliel'ha detto lei? Risponda!

Toti. E chi altro poteva dirmelo, benedett'uomo?

Cinquemani. Ah figlia infame! S'è disonorata? Con chi? Mi dica con chi, che l'ammazzo! l'ammazzo!

Toti. Eh via! Che ammazzate! Glielo darete per marito, e non se ne parlerà piú!

Cinquemani. Chi? Come? Glielo do per marito? Senza sapere chi è?

Toti. Un bravo giovine, ve lo posso assicurare: state tranquillo!

Cinquemani. Voglio sapere chi è! Come si chiama? Bravo giovine? Dev'essere piú svergognato di lei, se ha potuto far questo! Il disonore, la vergogna sulla mia faccia! Dov'è? dov'è? dove se n'è andata?

Toti. Via! via, Cinquemani, non fate cosí! Non v'amareggiate il sangue!

Cinquemani. Mi dica dove s'è nascosta, o me la piglio con lei! Voglio averla qua, per mangiarle a morsi la faccia, svergognata! svergognata!

A questo punto, come un'eco, dall'interno del Gabinetto di Storia Naturale, giunge uno strillo di Marianna: « Svergognata! », cui subito seguono due altri strilli, di Lillina e di Giacomino Delisi, sorpresi dalla madre attraverso la finestra della classe che dà su la Palestra ginnastica. E subito dopo gli strilli, la porta del Gabinetto si spalanca e vengono fuori, di furia, spaventati, in gran subbuglio, Lillina e Giacomino, inseguiti da Marianna ancora con le vesti arruffate per avere scavalcato la finestra. Cinquemani si lancia ad afferrare Giacomino, che vorrebbe cacciarsi in una delle classi del corridojo; Marianna afferra Lillina che cade in ginocchio. Il professor Toti va dall'uno all'altro, sballottato, e raccomanda la calma. La scena si svol-

gerà rapida, in gran confusione, violentissima. Le due in-
vettive simultanee, di Cinquemani e della moglie, sono qui
trascritte una dopo l'altra, ma sulla scena le battute s'ac-
cavalleranno, gridate dagli uni e dagli altri contemporanea-
mente, senza badare se le parole vadano perdute, purché
s'ottenga l'effetto della massima concitazione.

CINQUEMANI. Voi!

Afferrando per il petto Giacomino.

Ah, siete voi? Mascalzone!

GIACOMINO. Perdono! Le domando perdono!

CINQUEMANI. Che perdono! Hai avuto la tracotanza
di metterti con mia figlia? Di disonorarmi la casa?

GIACOMINO. Sono pronto, se lei me la dà, pronto a ri-
parare!

CINQUEMANI. Che ti dò? Vuoi che la dia a te, morto
di fame?

Il professor Toti glielo leva dalle mani.

Esci fuori! fuori dai piedi, o ti faccio vedere quello
che ti dò! Fuori! Fuori!

GIACOMINO (*al professor Toti che lo trattiene*). Professore, glielo dica lei! Sono pronto! Me la sposo! Non
manca per me!

MARIANNA (*contemporaneamente, a Lillina*). Era questa la
pulizia che facevi qua ogni giorno? Faccia senza rossore! Tieni! tieni! tieni!

La percuote, l'acciuffa.

LILLINA (*in ginocchio, schermendosi*). Mi lasci! Mi perdoni!

TOTI. Non le fate male, povera creatura!

MARIANNA (*a Toti*). Si levi dai piedi!

A Lillina:

Ti ci ho colta, svergognata! Farla cosí, sotto gli occhi
a tua madre! Con chi ti sei messa?

LILLINA. Per carità, mamma, per carità!

MARIANNA. Ti sei perduta cosí, schifosa?

Lillina. No! Mi vuole sposare! mi vuole sposare! Non
sente? Mi vuole sposare!

*A questo punto avviene lo scambio di parti. — Marianna
s'avventa contro Giacomino; Cinquemani contro Lillina. Il
professor Toti seguita a passare dall'uno all'altro gruppo.*

Marianna (*a Giacomino*). Sposare? E io dò mia figlia
a voi? Avete il coraggio di dire che non manca per
voi? Pazzo siete, e un'altra cosa siete, che non sta
a me di dirvi. M'avete rovinata la figlia! Infame!
Infame! Venire qua a tradimento, come un ladro,
a rubarmi l'onore della figlia!

Cinquemani (*a Lillina*). Chi è pronto? Lui è pronto a
sposarti? E io ti dò a lui? Brutta cagnaccia! A un
morto di fame vuoi che ti dia? Con uno cosí ti sei
sporcata? e hai sporcato il mio nome, l'onore della
mia famiglia! Qua, alla scuola! Ma ora v'aggiusto
io! v'aggiusto io!

*Cinquemani lascia la figlia, brandisce una seggiola e si
scaglia contro Giacomino. Il professor Toti lo trattiene.*

Esci fuori, tu! Subito! fuori! E non ti far piú vedere
da me! Fuori! fuori! O perdio, faccio uno spropo-
sito!

*Si divincola dal professor Toti, riesce a liberarsi con uno
strappo violento; ma Giacomino fugge via per il corridojo,
ed egli lo insegue.*

Marianna (*a Lillina*). Disonorata! disonorata! E che
vuoi che me ne faccia piú, ora, di te? Piangi la tua
vergogna!

Cinquemani (*sopravvenendo, furibondo*). Non ti voglio piú
in casa! Fuori, fuori anche tu! Via, fuor! Non mi
sei piú figlia! Vattene alla perdizione! Via! via!

Toti (*con gran voce, dominando tutti*). Dove volete che
vada, vecchio imbecille! Ve la prendete con lei,
quando ne avete voi la colpa, voi che l'avete mandata qua, fin da bambina, in mezzo a tutte le sudice-

rie che gli alunni stampano sui muri e sulle panche!
Pettegoli tutti e due, che non siete altro!

CINQUEMANI (*a Lillina*). Via, fuori! fuori, ti dico! Non
ti voglio piú!

TOTI. Non la volete piú? Me la prendo io! Qua, figliuola mia, non piangere, che ci sono io per te!
Vieni con me... il mio nome, non posso farne a meno, bisogna che te lo dia. Ma tu sarai la mia figliuola, la mia figliuola bella; vieni... vieni...

*Si toglie sul petto il capo di lei e, carezzandole delicata-
mente i capelli, s'avvia verso destra.*

TELA

Atto secondo

Salotto modesto in casa del professor Toti. Uscio comune in fondo; uscio laterale a sinistra. A destra, un divano, poltrone, ecc. Sul divano, alcuni giocattoli di Niní: un carrettino, un pagliaccetto coi cembali a scatto.

Al levarsi della tela è in iscena, in piedi, il Direttore Diana, col cappello in mano. Poco dopo entra dall'uscio a sinistra Rosa.

ROSA. S'accomodi. Aspetti. Levo questo carrettino.

Eseguisce.

DIRETTORE. Grazie. Posso anche sedere qua.

Indica una poltrona.

ROSA (*col carrettino in mano*). Lo va lasciando da per tutto. No, segga, segga qua.

Indicando il divano. Il Direttore fa per sedere, ma scopre sul divano anche un pagliaccetto e lo porge a Rosa.

Ah! c'era anche il pagliaccetto? Grazie. Ne sfascia tanti. Si figuri! Figlio unico! Il cocco di papà! Non passa giorno che non gli porti un giocattolino nuovo. Ah, ecco qua il professore.

Entra il professor Toti in veste da camera, con aria un po' stralunata. Il Direttore si alza.

TOTI. Pregiatissimo signor Direttore. Prego, stia comodo. Se mi permette un momento...

S'accosta a Rosa e le parla piano, in fretta.

Scappa subito a casa di... di mio suocero.
ROSA. Ora?
TOTI. Ora, subito, ti dico.
ROSA. E il bambino a chi lo lascio?

Toti. Il bambino è di là con la mamma, adesso. Non
c'è poi l'altra donna?

Volgendosi al Direttore:

Prego, prego, signor Direttore, si metta a sedere.

A Rosa:

Hai capito?

Rosa. E che vuole che vada a dire a suo suocero?

Toti. Che vengano subito qua, tutt'e due, padre e
madre. Subito! Ma — oh! — senza farli spaventa-
re. Dirai che la signora non si sente bene e che ha bisogno di loro. Corri, mi raccomando.

E appena Rosa andrà via per l'uscio comune:

Scusi tanto, signor Direttore. Il cappello, prego...

Se lo fa dare.

Posiamolo qua.

Lo poserà su una seggiola accanto al divano.

Direttore. Grazie. Scusi lei piuttosto, professore, se
la importuno.

Toti. No, che! Non importa affatto! Un piccolo di-
sturbo della mia signora.

Direttore. Ah, mi dispiace! Ma se lei, professore,
deve stare di là...

Indica l'uscio a sinistra.

Toti. No, non c'è bisogno della mia assistenza. Ho
mandato a chiamar la madre perché, tra donne, s'in-
tendono meglio. A me non vuol dire che male ha.
Ma io lo so. Niente. Piccoli disturbi.

Direttore. Ah, forse...?

Allude a una nuova gravidanza.

Toti. No! Dio liberi, signor Direttore! Uno basta!
— È un'altra cosa.

Gli s'accosta e, come in confidenza:

La gioventù, signor Direttore! Come l'aprile vuole la pioggia, così la gioventù, ogni tanto, le lagri-

me. Poi rispunta il sole e ritorna l'allegria. Gioventú!
— Ha comandi da darmi, signor Direttore?

DIRETTORE. Per carità, che dice comandi?

TOTI. No, no, lei mi può sempre comandare. Se la mia
condizione ora è mutata, rimango pur sempre il suo
obbedientissimo subalterno.

DIRETTORE. Io sono venuto a pregare, veramente, non
tanto il professore, quanto l'amico.

TOTI. Ai suoi ordini, signor Direttore.

DIRETTORE. Non ho nulla, badi, da chiederle per me!
O piuttosto, sí, anche per me un favore che le co-
sterà però ben poco, m'immagino, dopo la bella fortuna che le è toccata.

TOTI. Per carità, signor Direttore, non mi parli, la prego, di questa mia fortuna! Mio fratello era in Roma-
nia; e come io non sapevo, dopo tanto tempo, se
fosse vivo o morto, cosí lui non sapeva di me, se fossi
vivo o morto. Non posso dunque dire che abbia voluto lasciare il suo denaro proprio a me. L'ha lasciato perché non poteva portarselo all'altro mondo. Si
cercò a chi si doveva dare, e si trovò che si doveva
dare a me, unico erede.

DIRETTORE. E non è stata una fortuna, scusi?

TOTI. Fortuna, non dico di no! E non c'è misteri, creda.
Gira in paese la chiacchiera ch'io tenga non so quan-
t'altro denaro nascosto in casa. Nemmeno un soldo.
Tutta l'eredità — cosí come mi venne — centoqua-
rantamila lire — la depositai alla Banca Agricola
cittadina.

DIRETTORE. Eh, una bella somma!

TOTI. Sissignore. E sono diventato il piú forte azioni-
sta della Banca; a condizione di metterci qualcuno
di mia fiducia.

DIRETTORE (*un po' sulle spine*). Eh, lo so: il Delisi?

TOTI (*imperturbabile*). Giacomino Delisi, appunto. Eppure,
creda, signor Direttore, creda che io stavo meglio
prima, con tutta la mia miseria! Questo denaro è

stato per me... sa come quando, tempo d'inverno, i
ragazzini, di sera, raccolgono le foglie secche cadute
dagli alberi per farne una vampata, che se uno, anche piccolo piccolo, si trova a passare, l'ombra al
muro, con quella vampa, diventa come un gigante,
che se alza un braccio arriva fino al quinto piano?
Così, signor Direttore! Ero niente: passavo e nessuno
mi guardava. C'è stata questa vampata dell'eredità;
e ora, appena alzo un braccio, appena muovo una
gamba, ecco che tutti lo vedono; tutti mi stanno a
guardare con tanto d'occhi; vogliono conto e ragione di quello che faccio e di quello che non faccio;
se proteggo questo, se non proteggo quell'altro. E
che cos'è? Non son più padrone di fare quello che
mi pare, senza danno — s'intende — di nessuno?
Mi son seccato, ecco. E creda che, se non avessi quel
piccino là, che già comincia ad andar per casa, mi
verrebbe quasi la tentazione di ritirare dalla Banca
questi centoquaranta pezzi di carta e di farne davvero, come un ragazzino, una vampata da fare epoca,
da fare epoca!

DIRETTORE. Mi dispiace, professore, d'aver toccato un
tasto doloroso. Ma mi permette un'osservazione?

TOTI. Anzi, la ringrazio.

DIRETTORE. Mi pare che lei non faccia tutto quello che
dovrebbe — dato che la malignità del paese, come
lei dice, l'ha preso di mira — per ripararsene e ri-
sparmiarsi noie, dispiaceri.

TOTI. Io? Ma se non faccio nulla, io, signor Direttore! Me ne sto qua, ritirato in casa. Casa e scuola,
scuola e casa.

DIRETTORE. Ecco, permette? Siamo venuti appunto alla ragione della mia visita. La scuola. Si ricorda che
due anni fa, quando lei ne aveva già trentaquattro
d'insegnamento, le consigliai di mettersi a riposo?

TOTI. Mi ricordo, sì.

DIRETTORE. E non c'era allora codesta cospicua ere-

dità! Ma scusi, professore, perché adesso non fa questo, almeno?

Toti (*precipitosamente*). Ah, no no no no! mai mai mai
mai! Non me ne parli! non me ne parli, signor Direttore!

Direttore. Aspetti. Mi permetta di aggiungere...

Toti. Non sento ragione, signor Direttore! Di ritirarmi, non voglio sentir parlare! Guardi, c'è piú per
me di questa creaturina? Le ore che mi prende la
scuola sono levate alla gioia che questa creaturina
mi dà. Mi par mill'anni, ogni giorno, che suoni la
campana, per ritornare qua a giocare, a fare anch'io
il bambino. Eppure no, non transigo! non transigo,
signor Direttore!

Direttore. Ma sa che è una bella ostinazione la sua?
Se per lei è un martirio!

Toti. Appunto perché è un martirio! Voglio rimanere quello che sono sempre stato. La croce la voglio
portare fino all'ultimo. Scusi, se questo martirio è
stato la ragione di tutto quello che ho fatto! E perché
l'avrei fatto allora?

Direttore. Già, ma se adesso non c'è piú bisogno?

Toti. Lo dice lei! Vuol mettere il denaro sudato onestamente, il denaro che sa di stento, con questo del-
l'eredità, piovuto dal cielo, che lei fa cosí

soffia sul palmo della mano

— e se ne va com'è venuto? E poi le dico che m'ha
portato sfortuna! E poi... poi ci son altre ragioni.
In confidenza: se non avessi la scuola, starei troppo
in casa; per via del bambino. Nessuno mi tratterreb-
be. Sono vecchio, signor Direttore, e in casa darei
troppo fastidio: lei m'intende! Non ne parliamo piú!

Direttore. Mi dispiace, professore; ma io debbo ancora parlargliene, e seriamente.

Toti. Mi si vorrebbe forse costringere?

Direttore. Abbia pazienza, professore. Cerchi di met-

tersi un poco ne' miei panni: dalla mattina alla sera,
in direzione, a casa mia, se esco a fare due passi,
io sono oppresso, da due anni a questa parte, oppresso, vessato da tutti, padri di famiglia, e anche estra-
nei che non conosco, quali vengono a protestare
contro il preteso scandalo di codesta sua permanenza
nell'insegnamento.

TOTI. Ah sí?

DIRETTORE. Sí, sí, purtroppo, professore! Creda: una
protesta civile vera e propria — generale.

TOTI. E lei la chiama civile?

DIRETTORE. Mah! Si reputano offesi di ciò che si sa,
di ciò che si dice in paese della sua vita privata, e...

TOTI. E lei, signor Direttore?

DIRETTORE. Io non voglio entrare adesso a vedere se
a torto o a ragione. Dico questo, però: che lei, come
privato cittadino, se ha la coscienza tranquilla può
infischiarsi del giudizio della gente; ma da professore no, veda! Addetto a un pubblico ufficio, lei ha
l'obbligo di tenerne conto; come debbo tenerne conto
io, da direttore; e perciò sono venuto a consigliarle,
ancora una volta, di mettersi a riposo.

TOTI. E di sottoscrivere cosí a un giudizio iniquo?

DIRETTORE. No, veda —

TOTI. — che vuole che veda, signor Direttore! Aspetto che qualcuno — poiché lei non vuol farlo — venga a discutere con me, non su quello che pare, ma
su quello che è: la mia coscienza appunto!

Alzandosi:

No no no. Non mi ritiro! Accetto la guerra, signor
Direttore. Voglio vedere chi avrà il coraggio di venirmi a dire in faccia ch'io non sono un uomo onesto; e che ciò che faccio non è fatto a fin di bene.

DIRETTORE (*alzandosi anche lui e stringendosi nelle spalle*).
Capirà ch'io ho fatto il mio obbligo d'amico.

TOTI. E io la ringrazio!

DIRETTORE. La prevengo che si minaccia di portare la
protesta agli enti superiori —

TOTI. — facciano! ah, facciano pure! —

DIRETTORE. — e che se domani dal Ministero si volesse qualche rapporto —

TOTI. — lei risponda come crede: che m'ha consiglia-
to di chiedere il riposo, e che io non ho voluto saperne. Ce la vedremo, signor Direttore!

DIRETTORE. E allora non mi resta che salutarla e au-
gurarle che la sua signora si rimetta presto in salute.

TOTI. Grazie, signor Direttore; le sono obbligatissimo, creda.

DIRETTORE. Non s'incomodi. Rifletta piuttosto su quanto le ho detto, e segua il mio consiglio: — si ritiri!

TOTI. No, no, l'accompagno, prego, l'accompagno,
signor Direttore.

*Il Direttore esce. Il professor Toti lo accompagna, e poco
dopo ritorna. Trova sulla soglia dell'uscio a sinistra Lillina, con Niní per mano; abbattuta, coi capelli in disordi-
ne e gli occhi rossi di pianto.*

TOTI. Ah, tu. Vuoi darmi il bambino?

LILLINA. Sí, non posso badarci. Dov'è andata Rosa?

TOTI. L'ho mandata io. Ma dàmmelo qua il bambino. Vieni, vieni qua con me, Niní!

Se lo prende in braccio.

Lasciamola stare la mammina; vedi che ha la « bua »?

LILLINA. È cosí fastidioso!

TOTI. Forse perché ti vede in codesto stato, povero
piccino. Siamo come due mosche senza capo, è vero
eh, Niní? a vedere la mammina cosí. Sai che sono
già tre giorni?

LILLINA. Ma che posso farci, se non mi sento bene?

TOTI. Lo so! E ti pare che non ti compatisca, figliuola
mia? Siedi, siedi qua. Vado a lasciare il bambino
alla donna, fino al ritorno di Rosa.

LILLINA. No, alla donna no: ho paura che non sappia
badarci.

TOTI. Glielo raccomanderò io, non temere. E poi Rosa non potrà tardare ancor molto.

*Esce con Niní per l'uscio in fondo e rientra solo, poco dopo.
Nel frattempo, Lillina si sarà seduta e avrà nascosto il
viso tra le mani. Toti, rientrando e vedendo Lillina in
quell'atteggiamento, scuote il capo, poi le s'accosta piano
e le dice:*

TOTI. Non vuoi proprio dirmelo, che ti senti?

LILLINA. Gliel'ho già detto: niente mi sento! Mi fa male
la testa, e a tener gli occhi aperti, mi gira il capo.

TOTI. E non puoi neanche sentir parlare: ho capito!
Intanto, non vuoi che si chiami il medico...

*A un cenno d'alzarsi di Lillina, trattenendola a sedere e
prevenendola:*

Ma sí, credo anch'io che sarebbe inutile chiamarlo!

LILLINA (*rimanendo seduta, ma non potendone piú*). Per carità, mi lasci stare! non m dica piú niente! Abbia
pazienza ancora per qualche giorno, e vedrà, vedrà
che mi passa, mi passa tutto... tutto... tutto...

Scoppia in un pianto irrefrenabile.

TOTI. Eh, lo vedo che ti passa! Ti passa bene, ti passa...

Breve pausa; poi, timido, insinuante:

Non vuoi confidarti con me?

LILLINA. Ma che vuole che le confidi, se non ho nulla,
proprio nulla da confidarle? Perché vuole tormentarmi?

TOTI. Tormentarti? Vorrei soltanto che tu mi parlassi,
mi dicessi cos'è accaduto!

LILLINA. Ma se non è accaduto nulla! Glielo giuro:
nulla!

TOTI. E perché stai allora cosí?

LILLINA. Perché mi sento male: quante volte vuole che
glielo ripeta?

Toti. Ah dunque debbo parlare io? Credi davvero, via, che, per quanto vecchio, sia già cosí rimbecillito da non capire che tu non puoi star cosí, solo perché ti fa male il capo?

A un nuovo cenno d'alzarsi di Lillina, trattenendola con piglio piú severo e risoluto:

No, aspetta, figliuola! sta' qua, sta' qua ad ascoltar-mi; e lascialo il mal di capo, ché questa anzi sarà la ricetta per fartelo passare. Tutte queste chiacchiere che la gente fa sul conto nostro, t'han forse messo in sog-gezione davanti a me, fino a farti credere che tu non possa piú parlarmi come prima e dirmi ciò che ti sta sul cuore? Bada che sarebbe l'ingiuria piú grave che tu potessi farmi, il tradimento piú brutto: quello di vedere in me... ciò che non voglio neanche dire. Io ho mantenuto tutto quello che ti promisi e non mi sono tirato indietro d'un passo. Se la gente parla, se la gente ride, e c'è chi protesta e chi minaccia — (mi hanno perfino mandato in casa il Direttore, hai visto) — ebbene, lasciali dire! lasciali fare! Ciarle, risa, proteste, minacce per me non significano niente, e non debbono significar niente neanche per te. Sap-piamo bene, tu e io, che non facciamo nulla di male; e dobbiamo dunque pensare a star tutti uniti e a non darla vinta a nessuno, aspettando che il tempo mi dia ragione: non ora — presto — alla mia morte — quando vi avrò lasciati a posto, tutti e tre tranquilli e contenti. Hai inteso? Di', hai inteso?

Lillina. Sí, sí, ho inteso.

Toti. E dunque parla adesso! Che è stato? Vi siete litigati?

Lillina. No, che litigare! Non mi sono litigata con nessuno.

Toti. E perché allora da tre giorni lui non viene?

Lillina. Che vuole che ne sappia io?

Toti. Non va neanche alla Banca, da tre giorni. Me

l'ha detto ieri il cassiere. Si vede che farà male il capo anche a lui. Ah, santo Dio, ragazzi! Pensate che il tempo rimane per voi, e che un giorno che togliete a me, è peccato! Tre giorni che non canti, tre giorni che non ridi...

Lillina scoppia di nuovo a piangere.

Ecco, vedi? E t'ostini a dirmi che non è niente! Qualcosa di grosso dev'essere accaduto! E tu devi dirmelo!

Si sente sonare il campanello, internamente.

Ah, eccoli qua! Se non vuoi dirlo a me, lo dirai almeno a tua madre.

LILLINA (*balzando in piedi, tra i singhiozzi*). Mia madre? Ha fatto venire mia madre? Io non ho niente da dirle! Non ho niente da dire a nessuno! Mi lascino stare, per carità! Mi lascino stare!

Via di corsa per l'uscio a sinistra. Toti resta costernato a guardar l'uscio per cui Lillina è uscita: tentenna il capo; aspetta; poi, non vedendo entrar nessuno, si fa all'uscio in fondo e grida:

TOTI. Chi è?

Pausa:

Rosa!

Si presenta sulla soglia Rosa.

ROSA. Eccomi qua.

TOTI (*contraffacendola*). « Eccomi qua! » E non vieni a riferirmi che cosa t'hanno risposto?

ROSA. Che stanno per venire. Sono usciti dopo di me. Faccia conto che sono qua. Ma badi che non volevano saperne.

TOTI. Di venire?

ROSA. Perché dicono che non vogliono immischiarsi nei suoi affari.

TOTI. E chi ha detto loro d'immischiarsi?

Rosa. Non so. Hanno detto cosí.

Toti. Ma tu li hai avvertiti che la signora non sta bene?

Rosa. Li ho avvertiti. E si sono guardati negli occhi, tra loro.

Toti. E tu allora hai sciolto lo scilinguagnolo, e figuriamoci! Basta. Di' almeno anche a me quello che sai, se sai qualche cosa!

Rosa (*scattando, bizzosa*). Che vuole che sappia io? Io non so niente! Faccio qua la serva; non faccio la spia, né altro mestiere!

Toti. Ih, salti come una vipera!

Rosa. Perché voglio il mio rispetto! Ha capito? Se mi vuole, mi tenga; se non mi vuole, mi mandi via! Ho considerazione per la signora. Approvarla, non l'approvo. Voglio bene al bambino. E quanto a lei, se vuol saperlo, ecco qua: lei mi dà proprio allo stomaco. Se mi vuole, mi tenga; se non mi vuole, mi mandi via!

Si ode di nuovo il suono del campanello alla porta. Rosa si prende la veste pu.itamente per due lembi, la allarga strisciando una riverenza, e via.

Toti (*le griderà dietro*). Linguaccia! Linguaccia!

Entrano, serii e impettiti, Cinquemani e la moglie Marianna, senza salutare. Il primo con un'antica mezzatuba grigia, proprio per la quale, e una mazza col manico di corno; Marianna con un gran velo da Maria Addolorata su capelli e una goffa sottana pieghettata, a quadretti verdi e neri, che puzza di naftalina lontano un miglio.

Toti. Caro Cinquemani, cara suocera, accomodatevi, accomodatevi!

Marianna (*a schizzo*). Tante grazie.

E non s'accomoda.

Cinquemani (*alzando una mano con gravità*). Questo non è posto per noi da star comodi!

Toti. Mettetevi almeno a sedere e posate il cappello.

Cinquemani. Non poso niente.

Toti. Voi almeno, signora suocera, abbassatevi il velo
sulle spalle.

Marianna (*c. s.*). Grazie. Non mi abbasso niente.

Siede.

Cinquemani. E il cappello, io, per sua norma, me lo
levo a casa mia. Qua non è casa mia; per cui...

Siede.

Toti. Questa è la casa della vostra figliuola. Se voi
non avete mai voluto considerarla come vostra...

Cinquemani (*alzandosi*). Marianna, pst!

Marianna si alza.

Andiamo via!

Toti. Siete pazzo? Che v'ho detto? Eh via, non facciamo storie, ché ho ben altro adesso per il capo! Sedete, sedete; discorriamo.

Marianna. Discorriamo? Lei? Vuole discorrere lei? Prima lei deve stare a sentire il discorsetto che dobbiamo
farle noi!

A Cinquemani:

A te! Attacca!

Toti (*con atto di rassegnazione*). Sentiamo codesto discorsetto! Ma sbrigatevi, per amor di Dio!

Cinquemani. Eccomi qua. Tanto io, quanto mia moglie; io

s'appunta l'indice sul petto

e mia moglie

la indica:

va bene?

Toti (*sbuffando*). Benissimo! Avanti!

Cinquemani. No, sa: per precisare; perché noi due siamo intanto marito e moglie, per davvero. Or dunque,
tanto io quanto mia moglie, lei sa bene che non ab-

biamo messo piede in questa casa, se non il giorno
dello sposalizio.

MARIANNA (*agitandosi sulla sedia*). E Dio sa quello che
abbiamo patito!

TOTI. Voi? Perché? Quando?

MARIANNA (*insorgendo*). Ah, perché, dice? quando, dice?
Ma ora stesso, ora stesso! Sappia che con tanto d'occhi ci ha guardato la gente, davanti a tutte le porte,
affacciata a tutte le finestre, vedendoci venire qua!

TOTI. Bene, vi hanno guardato; e poi?

CINQUEMANI. Basta, Marianna: lascia parlare a me!

TOTI. Un momento, Cinquemani. Voglio prima saper
questo: — Vi ho detto, sí o no, a scuola, non so piú
quante volte, di venire qua con vostra moglie, a trovare la vostra figliuola?

CINQUEMANI. Sí, me l'ha detto.

TOTI. Chi vi ha proibito allora di venire?

MARIANNA (*scattando*). Ah, vuol sapere chi ce l'ha proibito?

CINQUEMANI (*balzando in piedi anche lui e accorrendo come
a parare la moglie*). Aspetta, Marianna: gli rispondo io!
— Giacché lei mi parla della scuola, voglio che sappia che là, davanti ai suoi colleghi e agli alunni, io
la saluto per semplice considerazione sociale, e basta!
Perché io solo so, e il signor Direttore, tutte le porche-
rie che mi tocca a scancellare dai muri per lei e per
la mia figliuola! Cose da far cadere la faccia a terra,
dalla vergogna! la faccia a terra!

MARIANNA. E vuol sapere chi ci ha proibito di venire!

CINQUEMANI. Lei è la favola del paese! E il paese ha
ragione! E io e mia moglie, tutt'e due, lo sappia,
siamo col paese!

MARIANNA. Perché siamo gente che non ha perduto ancora il santo rossore della faccia! Il santo rossore, qua!
qua!

Si dà manate sulle guance.

CINQUEMANI. Gente onorata siamo!

Toti. E via, smettetela! Volete sapere che cosa siete? Due asini siete! Due asini!

Cinquemani. Mi parli con rispetto perché sono suo suocero!

Toti. Ma statevi zitto! Suocero! Sapete bene come e perché mi sono presa vostra figlia!

Marianna. Se l'è presa perché ha voluto prendersela!

Toti. Sissignori! E con tutto il cuore!

Marianna. Non già per noi, se l'è presa! Perché per noi poteva restar dov'era, che sarebbe stato meglio! Vergogna nascosta, anziché pubblica, come lei l'ha ridotta! Ma sa che non possiamo più mettere il naso fuori della porta, per paura d'aver beccata la faccia dalla gente?

Toti. Avete finito? Vi siete sfogati? Posso parlare io, adesso?

Cinquemani. No, che finire! che sfogare! Aspetti! A lui, dica un po', a lui, a uno svergognato di quella specie; ladro dell'onore delle famiglie; che l'ha coperto di ridicolo dalla punta dei piedi alla cima dei capelli; a lui doveva far dare il posto di fiducia alla Banca? Glieli deve guardar lui gl'interessi?

Toti. Ah, ho capito: è per questo tutta la vostra indignazione?

Cinquemani. No, non per questo! quest'è per giunta! Non le bastava avergli permesso, con lo scandalo di tutto il paese, che seguitasse a venir qua?

Marianna. E pretendeva che ci venissimo anche noi, insieme con quello!

Cinquemani. Zitta, Marianna! — Non bastava, eh? Anche a guardia degl'interessi doveva esser messo? Che bisogno aveva d'un tutore di questo genere mia figlia? Con la pensione che lei le lasciava e questa nuova fortuna piovuta dal cielo, non poteva forse mia figlia restar libera, padrona di sé col bambino, senza questo scandalo, guardata dalla madre e da me?

Si commuove, cava di tasca un grosso fazzoletto di colore e

si mette a piangere. La moglie lo imita in tutte le mosse.
E tutt'e due piangono per un pezzo.

Toti. E bravi! E bravi! Si chiama ragionare, codesto?
Quattro soldi di pensione sarebbero toccati a vostra
figlia! E quanto all'eredità, chi se l'aspettava? Certo
che, se avessi potuto immaginare che mi sarebbe venuta, avrei preteso che — non solo la vostra figliuola
— ma qualunque altra ragazza avesse voluto venir
con me per assistermi e darmi onestamente un po' di
conforto nella vecchiaia, aspettasse con pazienza la
mia morte per poi fare ciò che le sarebbe piaciuto.
Ma è venuta troppo tardi e fuori d'ogni previsione
questa fortuna, capite? quando il fatto era fatto e
bisognava lasciar le cose com'erano.

Cinquemani. Basta. Sa perché siamo venuti noi, adesso?
Siamo venuti perché, con l'aiuto di Dio, pare che
ormai sia tutto finito.

Toti (*balzando, costernatissimo*). Che? Tutto finito? Che
dite?

Marianna. Eh, lo dice tutto il paese!

Toti (*come sopra*). Finito?

Cinquemani. Ah, come? lei s'infuria, invece di ringra-
ziarne Dio?

Marianna (*facendosi il segno della croce*). In nome del Padre, del Figliuolo e dello Spirito Santo!

Toti (*c. s., smarrito e senza requie*). Ma che è accaduto
insomma? Possibile che non debba saperlo soltanto
io? Ditemi subito quello che sapete! Ah, per questo,
allora, piange da tre giorni quella poverina? È una
cosa seria, dunque? Che si dice in paese? È inutile,
è inutile che vi facciate la croce, voi! Aspettate a
farvela, perché ci sono io, quà, ancora! ci sono io!

Marianna. Sí, ma anche i santi sacerdoti, per grazia
di Dio!

Toti. I sacerdoti?

Marianna. I santi sacerdoti, sissignore! Ah lei non sa
che la sorella di lui —

Toti. — di Giacomino? —

Marianna. — appunto! la signorina Rosaria Delisi ha messo sossopra tutta la gente di chiesa — sacerdote per sacerdote —

Cinquemani. — e le annunzio che sarà qui tra poco Don Landolina! —

Toti. — don Landolina? E chi è?

Cinquemani (con enfasi). Un sant'uomo! Il beneficiale di San Michele! Ecco chi è!

Marianna. Il padre spirituale della signorina Delisi! Ecco chi è!

Toti. E vuol venire... vuol venire a parlare con me?

Cinquemani. È venuto iersera a casa mia, credendo ch'io fossi d'accordo con lei, nel tener mano qua... Com'ha saputo, invece, che —

Toti. — disse che sarebbe venuto da me?

Si stropiccia le mani.

Sta bene! sta bene! Lasciatelo venire! Se mi vuol parlare, è segno che ancora ha da vedersela con me! E ce la vedremo! — Intanto... — no, aspettate...

Si rivolge a Marianna:

Fatemi il piacere, entrate là da vostra figlia.

Indica l'uscio a sinistra.

Marianna (di nuovo scattando). Io? Non voglio piú vederla, io!

Toti. Non facciamo storie, vi ripeto! Entrate da lei e cercate con le buone, con garbo, di farvi dire che è stato, che cosa è accaduto tra loro.

Marianna. Io? Ma lei è pazzo! Vuol che mi metta a parlare di codeste cose con mia figlia? Per chi m'ha preso?

Toti. Per una buona madre v'ho preso! Il guaio è serio: abbiate, per Dio santo, un po' di cuore! Entrate!

Marianna. Entro ma non parlo, gliel'avverto! Se parlerà lei...

Toti. Va bene! Forse, appena vi vedrà, vi butterà le braccia al collo e vi dirà tutto.

Marianna (*al marito*). Debbo entrare?

Cinquemani (*grave, dopo un momento di riflessione*). Entra.

Toti. Con garbo, mi raccomando!

Marianna. Le ho detto che io non parlo! Se parlerà lei...

Via per l'uscio a sinistra.

Toti. Oh! E voi mi farete intanto un altro piacere, Cinquemani! Non dubitate che saprò alla fine come regolarmi con voi.

Cinquemani. Da quest'orecchio io non ci sento. Sono un pubblico funzionario; umile, sí, ma pubblico funzionario; e non me ne sono ancora dimenticato.

Toti. Lo vedo. Vi siete invece dimenticato d'esser padre.

Cinquemani. Vorrei sapere quanti siamo i padri qua!

Toti. Il meno di tutti, voi: ve lo posso assicurare. Finiamola! State attento a ciò che vi dico.

Cinquemani. Parli, parli.

Toti (*s'accosta prima all'uscio a sinistra per sentire se Lillina si confida con la madre; poi, tornando a Cinquemani*). Dunque, presto, mi raccomando: scendete in piazza.

Cinquemani. E poi?

Toti. Salite alla Banca Agricola.

Cinquemani. E poi?

Toti. E poi il canchero che vi porti! Ma guarda che muso da far favori!

Cinquemani. Se ancora lei non si spiega! Che dovrei andare a fare alla Banca?

Toti. Niente. Vedere soltanto se c'è Giacomino Delisi.

Cinquemani. Io? Quel laccio di forca? Ma dov'ha la testa lei, professore? Se io lo vedo, quel laccio di forca —

Toti. — fate come la lepre davanti ai cani. Scantonate. Ma forse non lo vedrete neppure, perché da tre giorni non va nemmeno lí. Siete disposto a parlare col cassiere?

Cinquémani. Per il cassiere, nessuna difficoltà. Ma —
non di quel signore là — badiamo!

Toti. Basterà che gli domandiate a mio nome se non
c'è nulla di nuovo.

Cinquemani. E se vedo quello?

Toti. Scantonate, scantonate, e me lo venite a dire.

Si sente sonare il campanello alla porta.

Oh Dio, fosse lui!

Cinquemani (*cercando dove nascondersi, in gran confusione*).
Lui? non voglio vederlo! non voglio vederlo! Badi
che se lo vedo...

Si fa alla soglia dell'uscio comune Rosa.

Rosa. C'è Padre Landolina. Dice che vuol parlare con
lei.

Cinquemani. Ah, eccolo! Ha visto?

Toti (*a Rosa*). Fallo passare.

Rosa, via.

Cinquemani. Io vado.

S'avvia:

Meno male che finalmente cominciano a entrare persone per bene in questa casa.

S'inchina profondamente a don Landolina che entra:

Padre reverendo!

Via.

Landolina. Chiarissimo professore!

Toti. Reverendissimo! Favorisca. S'accomodi, prego.

Landolina. Grazie, grazie!

Toti (*indicandogli il divano*). No no, qua; per carità!

Landolina. Sto bene anche qua; grazie!

Toti. Non sia mai! Lei è un personaggio di riguardo.

Landolina. Obbedisco. Grazie. Obbligatissimo.

Toti. A che debbo l'onore della sua visita?

Landolina. Ecco, professore. Se permette, io avrei bisogno di tutta la sua bontà — riconosciutissima —

non tanto per quello che vengo a chiederle, che è
giusto; quanto per me, timido servo di Dio, perché
mi dia il coraggio di parlare di una cosa molto...
molto delicata.

Toti. Coraggio: eccomi qua. Le metto a disposizione
— poiché lei me la riconosce — tutta quella bontà
che le abbisogna; sicuro che se ne prenderà non piú
di quanta potrà bastargliene a farla parlare.

Landolina. Ah, nei limiti della discrezione, s'intende!
È un caso di coscienza, professore.

Toti. Coscienza sua, o coscienza d'altri?

Landolina. D'una povera anima cristiana, professore
— non so se a torto o a ragione — (non voglio inda-
gare) —

Toti. — neanche lei? —

Landolina (*stordito dalla interruzione che non comprende*).
— come dice?

Toti. No, niente. Prosegua, prosegua.

Landolina (*ripigliando*). Dicevo, non so se a torto o a
ragione addolorata, offesa da certe dicerie pregiudizievoli che girano in paese a carico del proprio fratello.

Toti. Ho capito. Lei viene a nome della sorella di Giacomino Delisi?

Landolina. Fa il nome lei, professore; non io.

Toti. Senta, reverendo. Se vuol parlare di questo, de-
v'essere a un patto: che lei, prima di tutto, si levi
i guanti —

Landolina (*mostra le bianche mani ignude, con un sorriso
fino fino sulle labbra*). — ma io, veramente —

Toti. — non dico dalle mani. Dalla lingua, dico. Parli
chiaro, insomma; aperto. Con me si parla cosí, perché non ho niente da nascondere, io. Aperto!

Landolina. Ma scusi, non vorrebbe rispettare il mio
ufficio sacro?

Toti. È un segreto di confessione?

Landolina. No guardi, è il dolore — come le dicevo —

d'una povera penitente che viene a chiedere consiglio
e aiuto al suo confessore.

Toti. E lei se ne viene da me?

Landolina. C'è il suo motivo, professore, se lei ha la
pazienza di lasciarmi dire.

Toti. Dica, dica. •

Landolina. Parlerò aperto, come lei desidera. La signorina Delisi, di parecchi anni maggiore del fratello,
come lei saprà, ha fatto da madre al giovine, quasi
fin da bambino rimasto orfano; e, grazie a Dio, con
ineffabile compiacimento, se l'è veduto crescere sotto
gli occhi timorato, rispettoso, obbediente.

Toti. Può abbreviare, Padre. Vuole che non conosca
Giacomino? Meglio di lei lo conosco e anche meglio
di sua sorella, ne può star sicuro.

Landolina. Ecco, lo dicevo perché tutte queste buone
doti che lei riconosce nel giovine, sono merito, a mio
credere, della buona educazione che ha saputo dargli
la sorella.

Toti (*quasi tra sé*). Quant'è bello finire come un cero
d'altare!

Landolina. Non capisco.

Toti. Ardere e sgocciolare, Padre! Codesta signorina
Delisi. Ma sí, ottima, ottima creatura. E riconosco
che ha saputo educar bene il fratello.

Landolina. E come avviene allora, professore, che a
carico di questo giovine cosí bene educato si trovi,
adesso, tanto da ridire in paese. Ecco, per me è chiaro che dipende da questo: che il giovine frequenta
con una certa assiduità la sua casa; e che la malignità della gente, essendo la sua riverita consorte anche
lei molto giovane —

Toti. — veniamo, Padre, veniamo allo scopo della sua
visita!

Landolina. Ma già ci siamo.

Toti. No, guardi: glielo dico io. Andiamo per le spicce.
Mandato dalla sorella, lei vorrebbe che io, per tron-

care codeste che lei chiama dicerie pregiudizievoli,
pregassi Giacomino di non mettere piú piede in casa
mia. Vuol questo?

LANDOLINA (*con umiltà dolente e dispettosa*). No, professore, non questo propriamente.

TOTI. E che altro vorrebbe allora da me?

LANDOLINA. Ecco. Le ho parlato della sorella, del dolore della sorella per queste dicerie, che non fanno
male soltanto al giovine, ma anche —

TOTI. — non badi, non badi a me, la prego!

LANDOLINA. Capisco che lei è superiore a codeste miserie. Ma una povera donna, no; una povera sorella,
che dobbiamo piuttosto considerare come madre, no;
ne soffre; piange; chiede conforto e aiuto — è donna
— e...

TOTI (*restringendosi come se il parlare untuoso del prete gli
promovesse doglie viscerali e applicandosi le mani alle tempie*).
Che stradacce, ah che stradacce in questo nostro por-
co paese!

LANDOLINA (*stordito piú che mai di questa nuova bislacca interruzione*). Stradacce?

TOTI. Appena piove, non ha visto? le si sfanno subito
sotto i piedi, che pare a camminarci s'abbia il vischio
alle suole. E che piacere sguazzarci, poi, quando seguita a piovere e quella mota si fa acquosa! acquosa!

LANDOLINA. Non capisco, in verità, come c'entrino le
strade.

TOTI. Porto scarpe di panno, reverendo! Lei mi parla
di questo gran pianto della sorella; e io allora, non
so, ho pensato alle strade quando piove. Non ci faccia caso! Diceva?

LANDOLINA. Che ha mandato me, sí, professore, ma solo per supplicarla d'esser cortese di farle avere — ecco — un piccolo attestato, un piccolo attestato proprio per suo conforto e nient'altro: come qualmente
queste dicerie non hanno né certamente possono avere il minimo fondamento di verità.

Toti. E nient'altro vorrebbe?

Landolina. Nient'altro, oh, nient'altro!

Toti. Perché, quanto a ritornare qua Giacomino, la sorella crede di poter essere sicura che questo non avverrà mai piú, è vero? poiché lei, da buona sorella, da buona mamma, lo ha persuaso e convinto che questo non deve piú avvenire. È cosí?

Landolina. Sí, professore: questo crede proprio d'essere riuscita a ottenerlo.

Toti. E ora vorrebbe l'attestato da me? Prontissimo. Glielo rilascio.

Landolina. Oh grazie!

Toti. Grazie? Che vuole che mi costi? Due righe: come qualmente, avendo saputo di queste dicerie eccetera eccetera, attesto e certifico eccetera eccetera. Può andarsene, reverendo. Glielo faccio. Glielo faccio e glielo mando.

Landolina. Sono proprio felice e ammirato, professore, di codesta sua carità fiorita.

Si alza.

E — scusi — non vorrebbe darlo a me? Glielo porterei subito.

Toti. Ah, no. Ora non ho tempo. Ma non dubiti, glielo faccio e glielo mando, in giornata.

Landolina. Lo manderà a me?

Toti. No; perché a lei? Direttamente alla sorella. Se ne vada tranquillo.

Landolina. Io allora la riverisco, e —

Toti. — aspetti! — Mi dica. Lo sa, reverendo, che Giacomino — buon giovine, ottimo anzi, timorato, rispettoso ma... sí, via! scioperato — trovò posto alla Banca per me?

Landolina. Oh, vuole che non lo sappia, professore! Lo so bene, e voglio che lei mi creda: glien'è gratissima la sorella, riconoscentissima!

Toti. Meno male, meno male. Sono contento di codesta
riconoscenza.

Landolina. A rivederla, dunque, professore. E tante
grazie di nuovo.

S'avvia.

Toti. A rivederla, reverendo.

Lo richiama:

Scusi, scusi, reverendo: le volevo domandare un'altra
cosa che mi passa ora — cosí... — per la mente. Mi
chiarisca un dubbio. Crede lei che un giovanotto —
un giovanotto qualunque — possa non farsi piú nessuno scrupolo, nessun rimorso, se per caso — per
puro caso, intendiamoci! — una ragazza da lui se-
dotta e resa madre avesse poi trovato in tempo un
uomo, un povero vecchio...

*Don Landolina, avendo compreso fin dalle prime parole
l'allusione del professor Toti, s'è messo a tossicchiare,
nell'imbarazzo; il professor Toti lo guarda; interrompe
il discorso; sorride e osserva:*

Ma sa che lei ha una bella tosse, reverendo? Si
curi, si curi: un bell'impiastro! A rivederla.

*Don Landolina, via a precipizio, sempre tossendo, con un
fazzoletto sulla bocca.*

Toti (*facendosi all'uscio a sinistra e chiamando forte*). Signora Marianna! signora Marianna!

La signora Marianna accorre.

Marianna. È inutile, sa? Non parla. Non vuol parlare.

Toti (*in fretta, risoluto*). Non importa, non importa. Fatemi piuttosto il piacere di rivestirmi il bambino.

Marianna. Il bambino? E che so io, dove sono i vesti-
tini del bambino?

Toti. Avete ragione. Grazie. Faccio da me, faccio da me!

*Via per l'uscio a sinistra. La signora Marianna resta a
guardare, imbalordita; e intanto Cinquemani entra dall'u-
scio comune.*

CINQUEMANI (*vedendo la moglie che guarda in quel modo*). Ebbene? Che è accaduto?

MARIANNA. Lo domandi a me? Mi sembra la casa dei matti! Tu di dove vieni?

CINQUEMANI. Ho incontrato per le scale Don Landolina che scendeva mogio mogio, con gli occhi stralunati... — Che fa Lillina? Che t'ha detto?

MARIANNA. Niente. Non m'ha voluto dir niente.

CINQUEMANI. Oh, sai che ti dico io? Andiamocene!

MARIANNA. Aspetta, aspetta! Forse non è prudente, in questo momento.

Rientra dall'uscio a sinistra il professor Toti col cappello in capo e ancora in veste da camera. Regge in un braccio Niní e nell'altro braccio la sua giacca, il berrettino da marinaio e le scarpette del bimbo. Posa a sedere Niní su un tavolino; si leva e butta via la veste da camera; indossa la giacca; poi s'accosta a Niní per calzargli le scarpette nuove.

TOTI. Ora il cocchetto, piano piano, se ne viene a spassino con papà.

Voltandosi appena verso Marianna:

Quanto mi piacerebbe che mi chiamasse nonno! — Con papà, eh? Niní? a spassino. Andremo a trovare « Giamí », tutt'e due. Come lo chiami tu Giacomino? « Giamí », è vero? Andiamo, andiamo da « Giamí », carino...

Posa il bimbo in terra, gli mette il berrettino in capo e si avvia con lui.

CINQUEMANI (*parandoglisi davanti, trasecolato, insieme con la moglie*). Professore, che dice? Dove vuole andare?

TOTI (*scostandolo*). Levatevi! Lasciatemi andare!

CINQUEMANI (*c. s.*). Pensi, santo Dio, a quello che fa! Vuol coprirsi di vergogna? Glielo impedirò io!

MARIANNA. Non si metta codesta maschera davanti a tutto il paese!

Toti (*scostandoli, divincolandosi e avviandosi col bambino*).
Levatevi, vi dico! Maschera! Maschera! La vostra è
una maschera! Lasciatemi passare!

Cinquemani. È incredibile! È incredibile! Se ne va
da lui!

Marianna (*lasciandosi cadere su una sedia*). Dio, che uomo!
Dio, che uomo! Dio, che uomo!

TELA

Atto terzo

Salottino quasi monacale, in casa Delisi. Arredo all'antica, modestissimo. Su una mensola nella parete di fondo, tra due usci con tende, un grande quadro della Madonna del Rosario col lampadino acceso davanti. Lateralmente a destra e a sinistra, altri due usci, anch'essi con tende.

Sono in iscena Don Landolina e Rosaria Delisi, quello seduto sul vecchio divano, questa sulla poltroncina accanto. Don Landolina sorseggia una tazza di caffè.

LANDOLINA. Ah, creda, creda che è andata bene. Proprio bene. Lasciato nell'illusione d'aver indovinato lo scopo della mia visita...

S'interrompe:

(Com'è buono questo caffè!)

ROSARIA. Va bene di zucchero?

LANDOLINA. Benissimo!

Riprendendo il discorso:

« Andiamo per le spicce » — mi disse a un certo punto. — « Mandato dalla sorella, lei vorrebbe che io pregassi Giacomino di non mettere piú piede in casa mia. Vuol questo? » — E io allora:

imitando il suo fare, con mansuetudine dispettosa:

« No, professore; non questo propriamente! » —

E si mette a ridere.

ROSARIA. M'immagino lui, allora!

LANDOLINA. Restò. Non se l'aspettava.

Accenna d'alzarsi per posare la tazza vuota.

ROSARIA (*pronta, prevenendolo*). No no; dia qua! dia a me!

LANDOLINA. No, prego!

Le cede la tazza, che Rosaria va a posare sulla mensola.
Grazie.

Riprendendo di nuovo il discorso:

Gli sembrava che il piú per noi fosse questo: impedire l'andata di Giacomino a casa sua. Come seppe che
questo per noi era ormai pacifico, e che non doveva
piú mettersi neanche in discussione, —« Ma come? »,
dice « E allora? »

ROSARIA. Già, già; m'immagino. Sarebbe stato meglio,
però, che codesta benedetta assicurazione se la fosse
fatta scrivere sotto gli occhi.

LANDOLINA. Glielo chiesi. Mi rispose che non aveva
tempo. Insistere, per il momento, non sarebbe stato
prudente. Bisognava dir la cosa (e saperla dire), ma
poi lasciarla lí, fingendo che per me non aveva nessun valore pratico, mi spiego? ma soltanto morale,
di conforto per lei, fors'anche un poco ingenuo, mi
spiego?

ROSARIA. Sí, capisco. E ingenuo è, difatti; ma lei sa bene che non è per me; è per la ragazza che vorrebbe
averla, codesta dichiarazione. Ora temo ch'egli ci ri-
pensi e non me la scriva piú.

LANDOLINA. Non credo. Me lo assicurò piú volte. E,
dato che per lui non ha nessuna importanza, la farà,
anche per il piacere di gabbarci con niente. Intanto,
con la mia visita s'è guadagnato questo: che neppur
lui adesso mette piú in discussione che Giacomino
possa andare ancora a casa sua.

*Non ha finito di dir cosí che la vecchia serva Filomena
si precipita in iscena per l'uscio comune, annunziando con
apprensione ch'è quasi sgomento.*

FILOMENA. Il professore, signorina! Il professore! Il
professore!

LANDOLINA (*con un balzo*). Come?

ROSARIA (*con un altro balzo*). Qua?

FILOMENA. Davanti la porta! Sento il campanello; corro ad aprire; per fortuna mi viene prima d'aprire la spia! — lui lui, e col bambino!

ROSARIA. Ah! Col bambino? Anche col bambino!

LANDOLINA. Che tracotanza! Dio mio! Sorpassa ogni limite!

ROSARIA. Ha capito? Non mette piú in discussione che Giacomino possa andare a casa sua, ed eccolo qua che viene lui invece a casa di Giacomino!

FILOMENA. Che fare, intanto? Che vuole che gli si dica?

LANDOLINA. Proibirgli, proibirgli d'entrare!

ROSARIA. Ditegli che Giacomino non è in casa!

LANDOLINA. Ecco, benissimo! Ditegli cosí!

ROSARIA. Senza aprire la porta! Dalla spia!

FILOMENA. Non dubiti! Glielo dico dalla spia!

Via per l'uscio donde è entrata.

ROSARIA. Lo vede, Padre? E lei che diceva...

LANDOLINA. Sono trasecolato, creda, per l'improntitudine di quest'uomo.

ROSARIA. Dio mio! Dio mio! Come si fa?

LANDOLINA. Bisogna tener duro! Non transigere, signorina! Pareva rassegnato, pareva! Io non so! Pretese lui stesso che gli parlassi chiaro, aperto. E io con tutti i debiti riguardi! Mi licenziò assicurandomi che me ne potevo andar via tranquillo!

ROSARIA. Ed eccolo qua col bambino! Mandato dalla moglie, certo!

LANDOLINA. Mi domando in questo caso, se non ci convenga piuttosto, un uomo cosí, affrontarlo risolutamente; anziché nasconderci come stiamo facendo.

ROSARIA. Ma chi lo affronta? Lei?

LANDOLINA. Io, no. Non credo che gioverebbe. Non per tirarmi indietro. Ma qua ci vuole uno della famiglia. Lei, signorina Rosaria. Perché no? La sorella. O se no, lui: Giacomino stesso!

Rosaria. No! Giacomino, no! Giacomino no!

Landolina. Dia ascolto a me. Non dico ora, perché
non è prevenuto; ma se Giacomino ha il coraggio
di dirgli in faccia lui stesso che tutto è finito e che
non s'attenti piú a venire... Ah, ecco la nostra buona Filomena!

Rientra in iscena Filomena.

Rosaria. Se n'è andato?

Filomena. Che andarsene! Non vuol saperne!

Rosaria. Ma non gli avete detto che Giacomino non
è in casa?

Filomena. Detto e ridetto cento volte!

Rosaria. E lui?

Filomena. Ride.

Landolina. Ride?

Filomena. Ride, e dice: — « Va bene, va bene ». —
Che vuol parlare con lei, dice.

Rosaria. Con me?

Filomena. Mi sono provata a fargli intendere che non
era in casa neanche lei.

Landolina. E lui?

Filomena. Ride. « Apritemi: l'aspetterò. » — « La porta » dico « è fermata; non ho la chiave ». Sa che ha
fatto? S'è seduto sullo scalino, dicendomi: « E allora la aspetterò qua! » — Non se n'andrà, nemmeno
a legnate.

Landolina (*risolutamente*). Orsú, coraggio, signorina:
lo r ceva!

Rosaria. Lo ricevo?

Landolina. Lo riceva. E procuri di frenarsi quanto
piú può. Fermezza! Pazienza! Lei ne ha tanta. Dia
ascolto a me. Voi, Filomena, andate ad aprire. Io
mi ritiro qua, col suo permesso.

Indica l'uscio laterale a destra.

Rosaria. Può andare da Giacomino, in camera sua.

Landolina. Andrò da lui. Fermezza! Pazienza!

Via per l'uscio laterale a destra, mentre Filomena uscirà
per l'altro. Poco dopo il professor Toti col bambino per
mano verrà avanti dalla comune, piano piano e placido.

Toti. Cara signorina Rosaria!

Rosaria. Ma come, professore? Viene a cercarlo anche qua, e col bambino?

Toti. È una bellissima giornata. Da tre giorni il povero piccino non usciva di casa. L'ho portato dalla
mamma e le ho detto: — « Vestimelo; gli farò fare
due passini ». Sono come gli uccelletti, i piccini. Ora
con tutte le pennucce arruffate, e un minuto dopo,
spunta un occhio di sole, e tutti vispi e gai.

Rosaria. Ma non aveva altro posto ove portarselo? proprio qua, scusi?

Toti. E perché non qua? Giacomino non si fa vedere
da parecchi giorni. So che non è andato neppure
alla Banca. Per via non l'ho più incontrato. Ho pensato che forse non si sentiva bene e sono venuto a
vedere come stava.

Rosaria. Sta bene, benissimo, professore; tanto che non
è in casa, come Filomena le ha detto.

Toti. Scusi, signorina: vedo che lei mi tratta in un modo... Ho forse fatto offesa, senza saperlo, a lei o a
Giacomino, venendo qua?

Rosaria. Ah, lo domanda? Da sé non lo capisce, è
vero?

Toti. Capisco, signorina Rosaria. Ho i capelli bianchi. E prima di tutto capisco che certe furie... certe
furie, meglio lasciarle svaporare!

Rosaria. Io non ho furie! Le ripeto che Giacomino
non c'è. Se vuol vederlo e parlargli, mi faccia il piacere di non incomodarsi un'altra volta a venire a
cercarlo qua; verrà lui, Giacomino, a trovar lei, ma
non a casa — ah, questo per patto: né lei più a casa
mia, né più lui a casa sua. Verrà a trovarlo a scuola,
o dove lei gl'indicherà.

Toti. Vede, signorina? E poi dice che non ha furie...
Qua dev'esser nato qualche malinteso. Sarà bene chia-
rirlo, dia ascolto a me: francamente, senza sotterfu-
gi e senza riscaldarsi.

Rosaria. Sí, sí, d'accordo, professore, spiegarci una
buona volta: quanto prima, tanto meglio.

Toti. Ah, ora sí che ci siamo. E metteremo tutto bene
in chiaro, non dubiti. Mi lasci sedere e vada a chiamare Giacomino.

Rosaria. E dalli! Non c'è, non c'è, non c'è; quante
volte le si deve ripetere?

Toti (*con scarto improvviso*). Scusi, i preti, a casa sua,
signorina, usano forse parlare con le seggiole?

Rosaria (*stordita*). I preti? Come c'entrano i preti e
le seggiole?

Toti (*prendendo da una seggiola accanto al divano il tricorno di Don Landolina e mostrandoglielo*). Ecco qua: un
tricorno e la seggiola. Conosco la buona educazione della famiglia, e...

Rosaria (*confusa, irritata, strappandogli di mano il tricorno*). Ma lasci stare! È di Padre Landolina.

Toti. Non gli faccio male! Dico che non posso supporre che stia di là senza compagnia: Giacomino è
certo con lui.

Rosaria. Nient'affatto! Padre Landolina era qua con
me. Ora è di là con Filomena. Non stia a immischiarsi negli affari di casa mia.

Toti. Immischiarmi, io? Non ho avuto mai questo vizio, signorina! Gli altri, sí, negli affari miei, e come!

Pausa.

Dunque, Giacomino non c'è?

Rosaria. Non c'è.

Toti. E allora me ne debbo andare? Perché vuol farmi ritornare?

Rosaria. Le ho detto che non c'è bisogno che lei ritorni. Verrà Giacomino, a scuola.

Toti. Vuol farlo incomodare a venire fino a scuola, mentre io sono qua e lui di là, e potremmo senz'altro metterci a parlare.

Rosaria (*sbuffando, non potendone piú*). Sí, sí, ha ragione, professore! Vado a chiamarglielo, per farla finita una volta per sempre, poiché abbiamo da fare con un uomo cosí petulante!

Toti. Calma, calma, signorina.

Rosaria. Che calma! Lei è un demonio tentatore!

Toti. Il bambino sta a guardarla con tanto d'occhi!

Rosaria. Me ne vado perché non so piú che cosa mi verrebbe di fare! Aspetti qua! Vado a chiamarlo!

Si ritira di furia per l'uscio a sinistra.

Toti (*prendendosi sulle gambe Nini*). Niente, bellino mio, non aver paura. La zia scherza. Ora gliela faremo sbollire tutta questa furia. Sai chi verrà ora? *Giamí.* Gli vuoi bene tu a *Giamí*, è vero? Eh, ti porta anche lui le chicche, i giocattolini. Ma tu devi voler piú bene a me, piccino mio; assai piú a me che a lui, perché io per te tra poco non ci sarò piú. Queste cose tu ancora non le puoi capire, figlietto mio bello, e forse non le capirai mai, perché, quando potrai capirle, non ti ricorderai piú di me che t'ho tenuto in braccio cosí, che t'ho stretto a me cosí... cosí... e che ho pianto per te, figliuolo...

Con un dito si porta via le lagrime dagli occhi.

Che dici? *Giamí*? Sí, ora verrà. Ah, dici, d'andarcene? Ce n'andremo presto, sí. Prima però bisogna che venga *Giamí*. E tu devi star bonino. Guarda, ti dò questa borsetta qua.

Cava dal taschino del panciotto una borsetta di seta rossa a maglia, con anellini d'acciaio, piena di monetine.

Eccola — senti come suona? giocaci... Ma ecco *Giamí*! Va', va' da *Giamí*...

Si alza, posando il bambino in terra e spingendolo verso

Giacomino, che entra dall'uscio a sinistra, torbido, rabbuf-
        fato. - A Giacomino:

Dio, che faccia! Oh, Giacomino?

GIACOMINO. Che ha da dirmi, professore?

TOTI. Come! Non vedi il bambino?

GIACOMINO. Io mi sento male, professore. Ero butta-
to sul letto! Non posso né guardare né parlare.

TOTI. Già, ma il bambino?

GIACOMINO (*dolente, mortificato, chinandosi per compiacen-*
za a carezzar la testina del bimbo). Ecco, sí. Mi dica,
la prego, che cosa vuole da me.

TOTI. Vieni, qua, Niní... bellino mio, qua; siedi qua.
No, guarda: cosí in ginocchio: vedrai meglio.

Lo pone in ginocchio su una sedia davanti a un tavolinet-
to su cui sta un vecchio album di fotografie; poi si volge a
    Giacomino e indicandogli l'album gli domanda:

Posso prenderlo?

GIACOMINO. Prenda quello che vuole.

TOTI (*a Niní*). Ecco, gioca con questo — lo guardi —
lo apri cosí — vedi com'è bello? — vedi, vedi qua
— uh quanti pupi! — vedi? — poi, volti cosí, ma
piano eh? senza strappare. Uh, guarda, guarda qua:
lo riconosci chi è questo? chi è? *Giami*, lo vedi? *Gia-*
mi, quand'era piccino come te, coi riccioli come questi tuoi — lo vedi? — Bene, ora guarda da te.

            Voltandosi a Giacomino:

Me l'ero immaginato, che ti dovessi sentir male. Il
capo, eh? Si vede.

GIACOMINO (*impaziente*). Professore...

TOTI. Siedi. Cosí, in piedi non possiamo discorrere.

Siede sul divano e invita Giacomino a sedergli accanto. Poi
        si volta di nuovo verso Niní:

Senza strappare eh Niní. Piano piano.

A Giacomino:

Ti volevo domandare se il direttore della Banca t'ha
detto qualche cosa.

GIACOMINO. No. Niente. Non l'ho visto nemmeno.

TOTI. Non ci vai da tre giorni.

GIACOMINO. Non sono andato, perché...

TOTI (*interrompendolo*). Non voglio saperlo. Te lo do-
mandavo perché ieri lo incontrai per la strada e mi
chiese di te. Discorrendo, si parlò del tuo stipendio,
e io gli feci notare che non è quello che dovrebbe
essere. Siamo rimasti d'accordo che ti sarà cresciuto.

GIACOMINO (*sulle spine, strizzandosi le mani*). Professore,
io la ringrazio; ma —

TOTI. — di che mi ringrazii? —

GIACOMINO (*seguitando*). — ma mi faccia il piacere, la
carità di... di non incomodarsi più, di... non curarsi
più di me, ecco!

TOTI. Ah sí? Bravo, bravo. Non abbiamo più bisogno
di nessuno, ora, eh?

GIACOMINO. Non per questo, professore. Se lei non vuol
capire!

TOTI. Che vuoi che capisca? Mi puoi impedire, scusa,
se voglio farti un po' di bene, che te lo faccia?

GIACOMINO. Ma se io non lo voglio?

TOTI. Tu non lo vuoi, e io te lo voglio fare. Per mio
piacere. Non sono padrone? Oh guarda un po'. Mi
dici che non debbo più curarmi di te. E di chi vuoi
che mi curi io, allora?

A un moto di Giacomino:

Aspetta. Senza furie. Poi parlerai tu. Lascia parlare a me, adesso. Devi sapere, figliuolo mio, che ai
vecchi — ai vecchi, s'intende, che non siano egoisti
e che abbiano stentato nella vita, com'ho stentato
io, per arrivare a farsi, bene o male, uno stato -
piace vedere i giovani che se lo meritano farsi avanti per loro mezzo, e godono se essi sono contenti,

godono se possono risparmiar loro tutti gli stenti provati. Tu lo sai ch'io ti considero come un figliuolo.

Si volta a guardarlo bene e s'interrompe:

Che fai? Piangi?

Giacomino ha nascosto infatti il volto tra le mani e sussulta come per un impeto di singhiozzi che vorrebbe frenare. Fa per posargli amorosamente una mano sulla spalla, domandando:

Come? perché?

Ma Giacomino balza in piedi.

GIACOMINO (*convulso, come per ribrezzo, e mostrando il viso alterato, sconvolto, per una fiera risoluzione improvvisa*). Non mi tocchi! Non mi s'accosti, professore! Lei mi sta facendo soffrire una pena d'inferno —

TOTI. — io? —

GIACOMINO. — lei, lei — non voglio codesto suo affetto! — per carità, la scongiuro, se ne vada! se ne vada! e si scordi ch'io esisto!

TOTI (*sbalordito*). Ma perché? Che hai?

GIACOMINO. Vuol sapere che ho? Glielo dico subito. Mi sono fidanzato, professore. Ha capito? Mi sono fidanzato.

TOTI (*vacilla, come per una mazzata sul capo; si porta le mani alla testa; casca a sedere quasi stroncato; balbetta*). Fi... fidan... fidanzato?

GIACOMINO. Sí! E dunque, basta! basta per sempre, professore! Capirà che ora non posso piú vederla qua, comportare la sua presenza in casa mia.

TOTI (*quasi senza voce, istupidito*). Mi... mi cacci via?

GIACOMINO (*dolente, con rispetto*). No, no... ma se ne vada... è bene che lei... che lei se ne vada, professore.

TOTI (*si leva a stento, per andarsene; s'appressa pian piano a Niní; lo guarda; gli carezza i capellucci: poi voltandosi a Giacomino*). Quando è stato? Senza... senza dirmene nulla...

GIACOMINO. Già da un mese.

TOTI. Da un mese? E seguitavi a venire a casa mia?

GIACOMINO. Lei sa come ci venivo.

TOTI (*gli fa cenno con la mano di non aggiunger altro. Poi*). Con chi?

> *E poiché Giacomino tarda a rispondere.*

Dimmelo!

GIACOMINO. Con una povera orfana come me, amica di mia sorella.

TOTI (*seguita a guardarlo come inebetito, con la bocca aperta, e non trova più neanche la voce per parlare*). E... e... e si lascia tutto, così?... e... e... e non si pensa più a... a niente? non... non si tien più conto di niente?

GIACOMINO. Ma scusi, professore, mi voleva schiavo?

TOTI. Schiavo?

> *Ha uno schianto nella voce, e insorge a poco a poco.*

Io che t'ho fatto padrone della mia casa? Ah, codesta sí, che è vera ingratitudine! Il bene che t'ho fatto, il bene che t'ho fatto, te l'ho forse fatto per me? E che n'ho avuto io, del bene che t'ho fatto? Le ingiurie, la baia di tutta la gente stupida che non vuol capire il sentimento mio. Ah, dunque, non vuoi più capirlo neanche tu il sentimento di questo povero vecchio che sta per andarsene e che era tranquillo di lasciar tutto a posto, una madre, il bambino, te, uniti, contenti, in buone condizioni? Non so — non so ancora — non voglio sapere chi sia la tua fidanzata. Sarà — se l'hai scelta tu — sarà una giovane per bene. Ma pensa che non è possibile che tu abbia trovato di meglio, Giacomino, della madre di questo bambino. Non ti parlo dell'agiatezza soltanto, bada! Ma tu hai ora la tua famiglia, in cui non ci sono di più che io, ancora per poco, io che non conto per nulla. Che fastidio vi dò, io? Sono come il padre di tutti; e posso anche, se tu vuoi, per la vostra pace, posso anche andarmene. Ma dimmi,

com'è stato? che cos'è accaduto? come ti s'è volta-
to così tutt'a un tratto il cervello?

Lo prende per le braccia.

Figliuolo mio... dimmelo, dimmelo.

GIACOMINO. Che vuole che le dica? Come non s'accorge, professore, che tutta codesta sua bontà —

TOTI. — questa mia bontà — séguita! che vuoi dire?

GIACOMINO. Mi lasci stare! Non mi faccia parlare!

TOTI. No, parla, anzi! Devi parlare!

GIACOMINO. Vuole che glielo dica? Non comprende
dunque da sé che certe cose si possono fare soltanto di nascosto, e non sono possibili alla vista di tutti,
con lei che sa, con la gente che ride?

TOTI. Ah, è per la gente? E parli tu della gente che ride? Ma ride di me, la gente, e ride perché non capisce, e io la lascio ridere perché non me n'importa
niente! All'ultimo vedrai chi riderà meglio! È l'invidia, credi a me, l'invidia, figliuolo, di vederti a
posto, sicuro del tuo avvenire.

GIACOMINO. Se è così — guardi, professore — se è cosí, lasci star me — ci sono tant'altri giovani che hanno bisogno d'aiuto.

TOTI (*ferito, con un feroce scatto di indignazione: gli va con
le mani sulla faccia, poi gli afferra il bavero della giacca
e lo scrolla*). Oh! che cosa... che cosa hai detto? È
giovane Lillina; ma è onesta, perdio! E tu lo sai!
Nessuno meglio di te lo può sapere! È qua, è qua,
il suo male!

Si picchia forte sul petto.

Dove credi che sia? Pezzo d'ingrato! Ah, ora la in-
sulti per giunta! E non ti vergogni? non ne senti
rimorso in faccia a me? tu? E per chi l'ha' presa?
Ah credi che possa passare dall'uno all'altro, così
come niente? Madre di questo bambino, che tu sai

bene di chi è! Ma che dici? Ma come puoi parlare
così?

GIACOMINO. E lei, professore, mi scusi, come può lei
piuttosto parlare così?

TOTI (*d'improvviso, come vaneggiando, grattandosi lievemente le tempie*). Hai ragione... hai ragione... hai ragione.

*Rompe in un pianto disperato, cadendo a sedere sul di-
vano e abbracciando forte forte il bambino, il quale, sen-
tendolo piangere, sarà accorso a lui.*

Ah, povero Niní mio! povero piccino mio! che sciagura! che rovina! E che ne sarà della tua mammina ora? che ne sarà di te, Niní, bello mio, con una
mammina come la tua, senza esperienza, senza piú
chi l'assista e chi la guidi? Che baratro! che baratro!

Sollevando il capo, rivolto a Giacomino:

Piango, perché mio è il rimorso; piango, perché io
t'ho protetto: io t'ho accolto in casa; io le ho parlato di te in modo da toglierle ogni scrupolo d'amar-
ti! E ora che t'amava sicura, madre di questo bambino, qua, ora tu...

Balza in piedi d'improvviso, risoluto, convulso.

Pensaci, Giacomino! Io sono buono, ma appunto
perché sono così buono, se vedo la rovina d'una povera donna, la rovina tua, la rovina di questa creaturina innocente, io divento capace di tutto! Pensaci, Giacomino! Io ti faccio cacciar via dalla Banca!
Ti butto di nuovo in mezzo a una strada!

GIACOMINO. Ma sí, faccia quello che vuole, professore.
Io già me l'aspettavo.

TOTI. Ah, te l'aspettavi? Ma son capace di fare anche
quello che non t'aspetti, sai? Vado ora stesso, con
questo bambino per mano, a presentarmi alla tua
fidanzata.

GIACOMINO. Ah no, perdio, questo lei non lo farà, professore!

TOTI. Non lo farò? E chi potrà impedirmelo?

GIACOMINO. Gliel'impedirò io! perché lei non ha il diritto di andare a turbare una povera ragazza!

TOTI. Non ho il diritto? E chi t'ha detto che non l'ho? Io difendo la madre a questa creaturina! difendo questa creaturina! e difendo anche te, ingrato, che non ragioni piú! Andrò a parlarle, a parlare ai parenti, mostrerò questo piccino e domanderò se c'è coscienza a rovinar cosí una casa, una famiglia, a far morire di crepacuore un povero vecchio, una povera madre, e lasciar senza aiuto e senza guida un povero innocente come questo, Giacomino, come questo... Ma non lo vedi? non hai piú cuore, figliuolo mio? non lo vedi qua il tuo piccino? È tuo! È tuo!

Lo prende e glielo appende al collo. Giacomino non resiste piú; lo abbraccia; lo bacia sulla testa; e allora il professor Toti, al colmo della commozione, ride, piange, come impazzito, grida:

Santo figliuolo... santo figliuolo mio... ah che bene mi fai... lo volevo dire... lo volevo dire... Sù sù, andiamo, ora! Andiamo via subito! Non perdiamo tempo! Cosí come ti trovi! Via, via, tutti e tre!

A questo punto si spalanca l'uscio laterale a destra e irrompono Rosaria, Don Landolina e Filomena, gridando insieme:

ROSARIA. No, no, Giacomino, che fai? che fai? Cosí ti lasci trascinare?

LANDOLINA. Di violenza? È inaudito! Peccato mortale, Giacomino!

FILOMENA. Misericordia! Misericordia!

GIACOMINO (*a Rosaria*). Non posso piú sciogliermi, Rosaria! Lasciami andare!

Totì (*a Landolina, parandoglisi davanti*). Vade retro! vade retro! — Via, via, Giacomino, non ti voltare!

E mentre Giacomino e Nini passano la soglia, sèguita imperterrito a gridare:

Vade retro! Distruttore delle famiglie! Vade retro!

Landolina (*accorrendo, gridando*). Giacomino, io credo...

Totì (*subito, dandogli sulla voce*). Che crede? Lei neanche a Cri.to crede!

TELA

La ragione degli altri

1915

Personaggi

LIVIA ARCIANI
ELENA ORGERA
LEONARDO ARCIANI
GUGLIELMO GROA
CESARE D'ALBIS
DUCCI
UN USCERE
UNA CAMERIERA
UN TIPOGRAFO

Atto primo

Sala di redazione del giornale politico quotidiano La Lotta.
*Uscio comune in fondo, che dà su un corridojo. Due scrivanie,
disposte lateralmente, quasi di fronte. Un tavolino in mezzo,
ingombro di giornali. Due vetrine; scaffali; un canapè; poltrone; seggiole. Alle pareti un orologio, un manifesto illustrato
del giornale* La Lotta; *altri avvisi, ecc.*

*Al levarsi della tela, la scena è vuota. Poco dopo s'apre l'u-
scio e Cesare D'Albis mostra dalla soglia la stanza vuota a
Livia Arciani.*

D'ALBIS. Ecco, vedete? non c'è. Prego.

Lascia passare Livia.

Non c'è davvero.

LIVIA. Ma sí, lo credo... lo vedo.

D'ALBIS. No, scusate: insisto; ho voluto darvi la prova,
perché non abbiate a sospettare.

LIVIA. Ma io non sospetto. Per me, può ricevere chi
gli pare e piace.

D'ALBIS. No, no! Al contrario! Ordine espresso, signora mia, di non introdurre mai nessuno.

LIVIA. E... posso aspettarlo qua?

D'ALBIS. Ah! Volete... volete aspettarlo?

LIVIA. No, se non posso.

D'ALBIS. Ma sí... perché no? Sí, che potete. Oh bella!
oh bella! Voi diffidate.

LIVIA. Non diffido nient'affatto. Vedo che qua ci sono
due scrivanie. Non vorrei incomodare.

D'ALBIS. Ma se non c'è nessuno! E poi, che dite incomodare? Voi non potete incomodare. È una fortuna!

Non vi si vede mai! Siete... siete la donna del mistero...

Livia. L'*orsa*, già.

D'Albis (*sorpreso, sconcertato*). No... che!

Livia. So che mi si chiama cosí. E non me ne importa. Son orsa davvero. Lo dico perché lei...

/ *Si corregge.*

Voi... non so...

D'Albis (*sorpreso, sconcertato*). Vi chiedo scusa, se...

Livia. Ma no, che scusa? Siccome voi, m'è parso, cercavate di tradurre gentilmente l'espressione... Ditemi pure *orsa.*

D'Albis. Senza nessun mistero?

Livia. Ma sí, senza nessun mistero.

D'Albis. Impossibile. Orsa, con codesti occhi, impossibile, senza che ci sia sotto, ben covato, un mistero.

Livia. Se lo dite voi...

D'Albis. Lo sanno tutti.

Livia. Ah sí? E che mistero allora? Curioso però che tutti saprebbero in me una cosa, che io non so.

D'Albis. Curioso? Che gli altri vedano in noi quello che noi non vediamo? Ma questo avviene sempre! Io non mi vedo, e voi mi vedete. Non possiamo uscire fuori di noi, per vederci come gli altri ci vedono. E piú viviamo assorti dentro, in noi stessi, e meno ci accorgiamo di quel che appare di fuori.

Livia. Oh Dio mio, e che appare in me?

D'Albis. Vedo i vostri occhi. E vedo che siete venuta qua.

Livia. Ma ve l'ho detto perché sono venuta; non c'è nessun mistero: so che deve venire qua mio padre e sono venuta a prevenirne mio marito. Sospettate voi, invece, che ci sia sotto un'altra ragione misteriosa.

D'Albis. Ma la vostra impazienza, io la vedo, voi non la vedete.

Livia. Perché non so come fare adesso... Potessi almeno incontrare mio padre...

D'Albis. Ritornerà presto, credo, Leonardo. Dev'essere in tipografia. Aspettatelo. Ma favorite, meglio, in salotto. Dico salotto, per modo di dire. Siamo per ora qua in un attendamento provvisorio. Ma starete almeno un po' meglio. Venite.

Livia. No, grazie. Sarà meglio che gli lasci un biglietto. Chi sa quando verrà... Ritornerò più tardi, se mai. Ora gli scrivo.

D'Albis. Fate come vi piace.

Livia. E nel caso che mio padre venisse prima di lui?

D'Albis. Lo riceverei io. Avrò molto piacere di conoscerlo. So che è molto amico dell'onorevole Ruvo. Anzi avevo pregato Leonardo di condurlo qua, qualche giorno...

Livia. Sarà qui tra poco certamente. Ma se il vostro uscere, avete detto, ha l'ordine così rigoroso di non introdurre mai nessuno?

D'Albis. Oh, l'avvertiremo subito, il nostro Cerbero, non dubitate. Ecco.

Suona il campanello elettrico alla parete.

Vi assicuro che è un ordine necessario, per la salute di quel pover'uomo di vostro marito, dacché voi siete per lui... permettete?

Livia. Dite, dite pure.

D'Albis. Crudele.

Livia. Ah sí? Io, crudele? E chi ve l'ha detto?

D'Albis. I suoi debiti! Ah, lo strillano ai quattro venti, sapete!

Livia *andando a sedere innanzi a una delle scrivanie*). E che c'entro io nei suoi debiti? Vi assicuro che non c'entro affatto.

D'Albis. Lo so. Ma via, dovreste perdonare... Perché in fin dei conti...

Livia *(indicando le cartelle su la scrivania)*. Posso scrivere qua?

D'Albis. Spero che non vi siate offesa di nuovo.

LIVIA. Oh, per cosí poco...

D'ALBIS. Ah, no: sono molti. Crivellato. Aspettate: dove scrivete?

LIVIA. Non fa nulla: due parole: posso scriverle anche qua.

D'ALBIS. Ma no! Aspettate: vi farò dare un foglietto da lettere. Perdio, ho sonato...

> *Risuona. Si sente picchiare all'uscio.*

Avanti!

> *Entra l'uscere.*

LIVIA. Scrivo qua: fa lo stesso. Una busta piuttosto.

D'ALBIS (*all'uscere*). Carta e buste, presto.

> *L'uscere via. D'Albis a Livia che scrive:*

Volete scrivere lí... Qua non c'è mai niente. Dove passa Arciani, la tempesta! Sto pensando però, sapete?, che a rigor di termini non avrei dovuto far passare neanche voi.

LIVIA (*sospende di scrivere e lo guarda, senz'avere inteso bene*). Neanche me? Come?

D'ALBIS. Sí, perché la disposizione, veramente, è questa: Porta chiusa per tutti i creditori. Ora, siccome voi, senza dubbio...

LIVIA (*riabbassa il capo e si rimette a scrivere*). V'ingannate.

D'ALBIS. Non deve nulla a voi, vostro marito?

> *Livia fa cenno di no col capo.*

Miracolo! Ma vi chiedo licenza di non crederci.

> *L'uscere rientra.*

L'USCERE (*porgendo al D'Albis carta e buste*). Ecco.

D'ALBIS (*porgendole a Livia*). Voilà.

> *Poi all'uscere:*

Bada: piú tardi ritornerà la signora. Verrà pure un signore...

LIVIA (*chiudendo la lettera nella busta*). Vecchio... piuttosto grasso... con fedine bianche...

D'Albis. Il signor...

Livia. Guglielmo Groa.

D'Albis. Groa. Tieni bene a mente. Lo lascerai passare. E basta, tu lo sai.

L'Uscere. È venuta pure, poco fa, quella signora...

Livia solleva appena il capo mentre scrive l'indirizzo su la busta.

D'Albis (*contrariato*). Ma che signora? Ma quando?

L'Uscere. Sissignore, poco fa. Ha detto che deve ritornare.

D'Albis. Ma sarà per il giornale! Ho capito. Va bene. Vattene...

L'uscere via.

Qualche pittrice che ha esposto; o qualche brava donna che vuol vendere un quadro di famiglia... Sapete che vostro marito, oltre il critico d'arte qua, fa pure... s'adopera con gli antiquarii o col Ministero...

Livia. Mi date spiegazioni, che non v'ho richieste.

D'Albis. Sí; perché voglio arrivare a una domanda un po' indiscreta.

Livia (*levandosi dalla scrivania con la lettera in mano*). La lascio qua?

D'Albis. No: la sua scrivania è quella. Datela a me. Ecco: la mettiamo qua, bene in vista.

Osservando la busta:

Che calligrafia!

Livia. Oh sí! Raspatura di gallina.

D'Albis. No. Forte, piena di... d'intenzione. E si vede: risponde a voi perfettamente. Mettiamola qua.

Livia. Io allora vado.

D'Albis. Come! E la domanda? Non permettete?

Livia. Dovrei andare veramente...

D'Albis. Breve breve. Aspettate.

Le si accosta, poi, piano, in tono confidenziale:

È proprio vero che non siete gelosa? Eh, vi fate pal-
lida... E anche poco fa...

LIVIA (*seria*). Ma nient'affatto! Calmissima. Avete detto voi stesso che non sono venuta mai qua. E non
sono mai andata appresso a mio marito.

D'ALBIS. E allora, scusate, vostro marito è uno sciocco!
E appena viene, gl'insegno ciò che appresi un giorno
da un mastino.

LIVIA. Ah, mi congratulo.

D'ALBIS. Le bestie? Che dite! I maestri migliori. Era
legato, poveretto, alla catena confitta per terra, presso la cuccia. Ma esso se la... se la passeggiava, di-
ciamo cosí, badando a voltarsi prima ch'essa gli des-
se la stretta al collo. Cosí non la sentiva, libero e contento nella sua schiavitú.

LIVIA. Sarei io, la catena?

D'ALBIS. Quel tanto di libertà che gli concedete. Catena lunga abbastanza, pare. Mi sembra però che
lui non se la porti a spasso bene, o almeno con la filosofia di quella bestia intelligente. O forse la filosofia... Toglietemi un dubbio. S'è interdetto da sé,
Leonardo?

LIVIA. Come sarebbe « interdetto »? Non capisco.

D'ALBIS. Dev'essersi impazzito... Vuole sul serio pa-
garsi i debiti (*i suoi proprii*, s'intende!) facendo il
giornalista? Sarebbe da ridere, se non fosse un peccato. Perché, lasciamo andare, via: parliamo sul serio:
Arciani è... è un artista. Seguitando cosí... Già non
fa piú nulla da un pezzo! *L'Incredula,* per bacco, ha
certe pagine... Vi ricordate?

LIVIA. Io non l'ho letta.

D'ALBIS. Come come? Non avete letto il romanzo di
vostro marito? Ah! quest'è bella!

LIVIA. Ma so che voi ne avete detto molto male.

D'ALBIS. Non vuol dire. Questo non vuol dire. Avevo
anch'io allora la malinconia d'appartenere a quella...
— sapete come un imperatore chiamava i letterati?

— « categoria d'oziosi che per professione spargono
il malumore tra la gente ». Verissimo! Io, per professione, scrivevo male di tutto e di tutti. E m'ero fatto un bel nome, sapete? Peccato, bei tempi! Ora,
tanto io che vostro marito, per l'arte, morti e sepol-
ti. Voi però, coi vostri denari e con un po' d'indul-
genza, perdonando, vostro marito dovreste risusci-
tarlo. Sí, sí, e levarmelo dai piedi, per carità! Scriva versi, scriva romanzi! Il giornalista, vi assicuro,
lo fa pessimamente! Si rovina lui, rovina il fegato a
me... Ma voi volete andare.

Livia. Sí, ecco... devo andare.

D'Albis. V'ho trattenuta in piedi tutto questo tempo...
Colpa vostra, potevamo...

Livia. Ritornerò piú tardi. Mi raccomando il biglietto.

D'Albis. Non dubitate. V'accompagno.

*Fanno per uscire. Entra un tipografo con un rotolo di
bozze in mano. D'Albis al tipografo:*

Si entra cosí?

Il Tipografo. L'uscere non c'era. Non c'è nessuno...

D'Albis. Le bozze impaginate?

Il Tipografo. Sissignore. Eccole.

D'Albis. Ecco, vengo subito.

A Livia:

Scusate.

*La lascia passare avanti, e via con lei. Il tipografo svolge
il rotolo delle bozze e le stende su la scrivania. Ritorna,
poco dopo, il D'Albis.*

Sono tutte?

Il Tipografo. Seconda e terza pagina.

*Per il corridojo si vede passare, attraverso l'uscio aperto,
il Ducci.*

D'Albis (*chiamando*). Pss! Ducci! Ducci!

Ducci (*tornando indietro e affacciandosi all'uscio*). Eh?

D'Albis. Vieni, *eh?* Tu dici *eh?* Qui c'è la seconda e la terza, da rivedere.

Ducci. Ma io non posso; scusa. Sono le quattro. Devo essere alla Camera: m'aspetta Bersi. M'ha detto che non può trattenersi alla tribuna dopo le quattro e un quarto.

D'Albis. Bella, perdio! Mi piace! Tu devi andare, Livi non c'è, Arciani non viene; qui non ci sta piú nessuno; e mi tocca di rivedere a me le bozze? Neanche l'u-scere c'è... Che fa? Dove se ne va, quello stupido? Ma sai che per poco qui non mi faceva nascere... Hai visto chi è stata qui?

Ducci. No, non ho visto nessuno.

D'Albis (*si alza dalla scrivania e viene avanti col Ducci, poi, in gran mistero, sicuro della sorpresa*). La moglie d'Ar-ciani.

Ducci. Uh! L'Orsa?

D'Albis. Zitto, che lo sa!

Ducci. Che sa?

D'Albis. Che la chiamiamo l'Orsa. Me l'ha detto lei stessa.

Ducci. Oh va'!

D'Albis. Mi sono divertito un mondo a farla stizzire. Ma non è mica una sciocca, sai? Tutt'altro. E ha un cer-to... un certo sapore, quella donnina...

Ducci. Sí, di legno quassio. Buono per le mosche.

D'Albis. No no, forte!

Prende la lettera di Livia dalla scrivania.

Guarda qua che scrittura. Piena... piena d'intenzio-ne. Non ti pare?

Ducci (*guarda, poi*). Di mala intenzione, direi.

D'Albis. Non l'ha voluto dire. Ma certo è venuta per sorprendere il marito. E per poco non c'è riuscita, per-ché pare che l'altra sia venuta poco prima. Chiamo l'uscere per un po' di carta; e quell'imbecille glielo dice...

Ducci. Come! Le ha detto?

D'Albis. Non ha fatto il nome. Ha detto, rivolgendosi a me: « Quella signora »; soggiungendo ch'era venuta e che doveva ritornare.

Ducci. Perdio! E lei?

D'Albis. Niente. Impassibile. Io ho cercato di rimediare. Ma lei dice che non è mai andata appresso a suo marito.

Ducci. E si vede! È venuta qua...

D'Albis. Ah, per prevenirlo di non so che cosa, ha detto. Gli ha lasciato questa lettera... Ma appena viene Arciani, oh! io glielo dico: — Non voglio di quest'impicci qua. Fuori! fuori! qua, niente! — Quella è una donnetta, caro mio... con quel pajo d'occhi... fredda... dura...

Ducci. Basta. Io scappo. Vado a liberare Bersi.

D'Albis. Oh, ritorna, appena finito il discorso del Ruvo, presto; voglio sapere l'impressione.

Ducci. Sì, sì, a rivederci.

Via per l'uscio in fondo. Il D'Albis ritorna alla scrivania, vi posa la lettera al posto di prima.

D'Albis. Le prime bozze?

Il Tipografo. Eccole qua.

D'Albis (*prendendo in mano alcune cartelle manoscritte*). E queste?

Il Tipografo. È il manoscritto.

D'Albis. Di chi? Che vuol dire?

Il Tipografo. Dice il proto che l'ha corretto.

D'Albis. Arciani?

Il Tipografo. Nossignore; il proto. Il signor Arciani non s'è fatto vedere.

D'Albis. Neanche in tipografia?

Il Tipografo. Nossignore.

D'Albis (*con ira, buttando all'aria le cartelle manoscritte e levandosi dalla scrivania*). Perdio, pretende pure ch'io mi metta adesso a correggere le sue baggianate?

Il Tipografo (*raccogliendo da terra le cartelle*). Aveva detto che sarebbe ritornato...

D'Albis. E come s'arrischia il proto a impaginare le bozze non corrette?

Il Tipografo. Per fare a tempo...

D'Albis (*ritornando alla scrivania*). Da' qua. Dov'è?

Il Tipografo. Eccolo. Però, qua... guardi, in seconda pagina... aspetti. Nel manoscritto...

D'Albis. Che altro c'è?

Il Tipografo. No... Tutto corretto bene. C'è solo un punto... è segnato col lapis nel manoscritto... ecco, lí, sissignore... la quinta cartella... Non lega bene.

       Sopravviene, ansante, Leonardo Arciani.

Leonardo. Eccomi qua. Le bozze?

D'Albis. A quest'ora?

Leonardo. Da' qua, da' qua. Credevo di fare a tempo. Lascia, mi sbrigo subito.

D'Albis (*esaminando le cartelle*). Ma che pasticcio è questo? Che c'entrano qua queste due cartelle?

Leonardo. Fa' vedere!

           Leggendo.

« Il pomo d'onice dell'ombrellino, cerchiato d'oro, nelle mani di donna Maria... »

           Scoppia a ridere.

D'Albis. Che diavolo hai fatto?

Leonardo. Le hanno composte? Sono due cartelle del romanzo, che avevo perdute. Senti, senti come fa bene.

        Legge le bozze di stampa.

« Il Seicento invece finisce con eguale esuberanza in tutta la penisola e produce il pomo d'onice dell'ombrellino, cerchiato d'oro, nelle mani di donna Maria... »

        Scoppia di nuovo a ridere.

D'Albis. Ah, ti ci diverti, per giunta?

LEONARDO. Ma sí... senti...

D'ALBIS. Finiscila, perdio! Non ho tempo per codeste
stupidaggini!

LEONARDO (*indicando il tipografo*). Ma stupidi loro, vuoi
dire!

IL TIPOGRAFO. Ma noi, scusi...

LEONARDO. Voi che cosa? Già prima di tutto potevate
bene aspettarmi un minuto: vengo di corsa dalla tipografia.

D'ALBIS. Te la pigli con loro, anche?

LEONARDO. Ma ci vuol tanto ad accorgersi che queste
due cartelle non c'entrano?

D'ALBIS (*adirandosi*). Tu, tu, tu, mio caro, non c'entri
piú qua! Ed io sono stufo! E te l'ho detto! Incolpi
gli altri? Chi l'ha cacciate dentro l'articolo queste?

Mostra le cartelle.

LEONARDO. Piano, ti prego. Sono del romanzo, t'ho
detto.

D'ALBIS. E te lo scrivi qua, il romanzo?

LEONARDO. Anche per istrada, dietro le spalle della
gente che passeggia. Debbo consegnarlo fra otto giorni.

D'ALBIS. E che vuoi che me n'importi?

LEONARDO. Ma importa a me se permetti!

Siede alla scrivania.

D'ALBIS. Che fai adesso?

LEONARDO. Taglio le due cartelle.

D'ALBIS. Col giornale impaginato?

LEONARDO. Saranno una ventina di righe: allungherò
l'articolo! Ne stai facendo un caso pontificale!

D'ALBIS. Ma perché voglio che questa sera si esca prima
del solito, appena finita la discussione alla Camera!

LEONARDO (*che s'è già messo a scrivere*). Va bene, vattene!

Al tipografo:

Via anche tu. Mi sbrigo in due minuti.

D'ALBIS (*s'avvia, poi voltandosi*). Oh, è venuta tua moglie.

LEONARDO (*stupito*). Qua?

D'ALBIS. Qua, è venuta qua. Anzi, poi debbo parlarti. Vedi che ha lasciato lí un biglietto...

LEONARDO. Per me?

D'ALBIS. Mi farai la grazia di leggerlo dopo. Aspettiamo te.

LEONARDO. Eccomi, sí, eccomi! Due minuti...

Via D'Albis e il tipografo. Leonardo si rimette a scrivere, ma, inquieto, guarda ogni tanto la lettera della moglie. Alla fine, non sapendo più resistere alla tentazione, la prende, lacera la busta, legge. Dopo aver letto, sta un po' assorto, fosco, poi scuote il capo rabbiosamente, si passa una mano su la fronte e sul capo, e si raccoglie con violento sforzo a pensare, a scrivere. Due colpettini all'uscio. Leonardo grida:

Un momento!

L'uscere si mostra all'uscio.

Eh, perdio! Non sono una macchina!

L'USCERE. No, sa? volevo dirle che c'è...

LEONARDO. Ho da fare. Non ricevo nessuno.

L'USCERE (*piano*). La signora Orgera.

LEONARDO. Adesso? Qua?

L'USCERE. Era venuta circa un'ora fa...

LEONARDO. Ma non è possibile, adesso!

Dopo avere riflettuto un po'.

Senti: chiunque venga a cercarmi...

L'USCERE. Deve venire...

LEONARDO. Lo so. Fa' entrare in salotto.

L'USCERE. Sissignore.

LEONARDO. Intanto...

Fa cenno di far passare la Orgera.

L'USCERE (*sporgendo il capo dall'uscio e parlando nell'interno*). Venga avanti, signora.

Entra Elena Orgera. L'uscere si ritira, richiudendo l'uscio.

Leonardo (*seguitando a scrivere*). Un momento, ti prego.

Prende di su la scrivania la lettera della moglie e gliela porge.

Leggi.

Si rimette a scrivere.

Elena (*legge con gli occhi soltanto, poi guarda con aria di sdegnosa commiserazione Leonardo che scrive*). Me ne vado subito.

Leonardo. T'ho pregata, scongiurata di non venire a trovarmi qua.

Elena. Ma dove allora? Io non lo so più! Se da una settimana non ti fai vedere?

Leonardo. Hai letto?

Elena. Ma ho da parlarti anch'io!

Leonardo (*cercando di farla tacere*). So, so...

Elena (*seguitando*). Non son venuta per il piacere di vederti.

Leonardo. Ti prego... Sto per terminare.

Elena (*dopo aver di nuovo scorso con gli occhi il biglietto di Livia, dice, venendo a posarlo su la scrivania*). Dunque il vecchio comincia a sospettare; e lei,

sillabando:

generosamente, te ne previene... Cerca, poverina, di risparmiarti noje e dispiaceri. Io invece...

Leonardo (*seccamente*). Tu non la conosci.

Elena. Ammirevole! Dico che è ammirevole!

Leonardo. Non lo fa né per me, né per te.

Elena. Per suo padre? Ammirevole lo stesso!

Leonardo (*raccogliendo le bozze e le altre carte di su la scrivania*). Ecco fatto.

Si alza. Preme il campanello alla parete.

Sarei venuto, sai?, a qualunque costo in giornata.

Si mette a leggere in fretta quel che ha scritto.

Elena. Non stare a credere, ti dico, che mi prema che tu venga, se a te non preme. Vorrei solo...

*Leonardo le fa cenno con la mano d'aspettare un po' in si-
lenzio, e seguita a leggere. Si sente picchiare all'uscio.*

LEONARDO. Avanti.

L'uscere entra. Porgendogli le carte:

Ecco, al tipografo.

L'uscere via.

Oh, dunque... Non mi è stato proprio possibile. Già
te l'ho scritto.

ELENA. Si tratterrà ancora molto?

LEONARDO. Il padre? E chi lo sa? È venuto non so per
che affare. Forse è una scusa. Sospetto che qualcuno...

ELENA. Ma lei stessa!

LEONARDO. No, no. Ma che! Scusa, se è venuta qua, a
prevenirmi...

ELENA. Politica. Come sei ingenuo!

LEONARDO. Se avesse voluto rivolgersi al padre, lo avrebbe fatto da un pezzo, apertamente. Chi avrebbe potuto impedirglielo? E poi, perché fingere con me?

ELENA. Ma che impegno, io non capisco... che interesse
può avere a star zitta cosí, che il padre non sappia,
non s'accorga di nulla...?

LEONARDO. Che interesse? Prima di tutto, l'orgoglio!

ELENA. Anche di fronte al padre, l'orgoglio?

LEONARDO. Il certo è questo: che il giorno dopo l'arri-
vo di lui, ella che da piú d'un anno non m'aveva rivolto la parola...

ELENA. Ah! T'ha parlato? S'è rotto il ghiaccio? Di'...
di'...

LEONARDO. È entrata nel mio studio per dirmi *solamente*
che avessi saputo fingere almeno pei pochi giorni che
suo padre si sarebbe trattenuto in casa nostra.

ELENA. Facilissimo!

LEONARDO. Che cosa?

ELENA. Per te, fingere. Adesso capisco! E non t'ha detto altro?

LEONARDO. Nient'altro.

ELENA. Fredda, è vero?, impassibile, sublime!

Scoppia a ridere.

LEONARDO. Non mi pare che ci sia da deriderla per questo.

ELENA. No, che! Ti pare? Me ne guarderei bene. Dico che è sublime!

LEONARDO. Ne ho poche, secondo te, noje, amarezze? Dovrei io stesso procurarmene altre?

ELENA. Eh no, eh no...

LEONARDO. Almeno di questo, mi sembra, dovremmo esserle grati, per qualunque ragione lo faccia.

ELENA. Ah, ah, ah... Suole avvenire, caro... suole avvenire!

LEONARDO. Che cosa?

ELENA. Niente. Lo so io! Bada, non me n'importa... Vorrei soltanto che tu avessi la franchezza di dirmelo. Tutto, tutto, tranne la finzione, lo sai. Fingere, no! Non posso soffrirlo.

LEONARDO. Ma che c'entra? Che dovrei dirti?

ELENA. Oramai! Che vuoi piú?... Vecchia!... E poi...

Pausa tenuta.

LEONARDO (*seguitando ad alta voce il proprio pensiero*). Proprio in questo momento! Ho fatto di tutto... Ma possibile! Per quanti sforzi si facciano, nella condizione in cui mi trovo... Senza dubbio, però, qualcuno, ripeto, ha dovuto scrivergli laggiú... Sono oppresso dalla sua sorveglianza... non ne posso piú! Credo che mi faccia finanche spiare, capisci? Non sono venuto per questo.

ELENA. E m'hai fatto un piacere. Sai perché sono venuta io? Jeri è tornato quello della casa.

LEONARDO. Daccapo?

ELENA. E ritornerà oggi. Volevo dargli un acconto dalla mia pensioncina. Niente! « Tutto, subito, o via! » Senza cerimonie.

LEONARDO. Va bene, va bene; aspetta che gli parli io, a questo signore.

ELENA. Inutile. Ha parlato chiaro. Non vuole piú aspettare.

LEONARDO. Aspetterà, perdio! Gli hai detto che io debbo avere —

ELENA. — dal romanzo? Già! Per farlo ridere...

LEONARDO. Non c'era bisogno che gli parlassi del romanzo o d'altro: sono quattrocento lire che mi saranno pagate fra otto giorni, alla consegna del manoscritto. Se potrò consegnarlo... sta a vedere! Non trovo piú né modo né tempo di scrivere...

ELENA. E dunque?

LEONARDO. Ma un po' di pace! Un momento di requie! Qua, lo sai, per questo mese non posso piú chiedere nulla. Che consegnerò fra otto giorni? E non so come fare — questo è il peggio — dove batter la testa... Non resisto piú!

ELENA. Da un pezzo, eh! Cominci a comprenderlo soltanto ora, tu?

Sorgendo in piedi con un profondo sospiro:

Ma quando non se ne può piú, sai, basta, si dice. Neanch'io resisto piú a vederti cosí.

LEONARDO (*freddamente*). Neanche tu... E poi?

ELENA. Ma ti pare possibile seguitare cosí? Scusa, ti pare possibile!

LEONARDO. Il male è appunto questo, cara: che *dev'essere* possibile. Ti pare che ci vorrebbe tanto a svoltare tu di qua, io di là? Sarebbe comodo; ma non possiamo, né io né tu.

ELENA. Perché, scusa? Se io ti lascio libero...

LEONARDO. Libero? Come mi lasci libero?

ELENA. Ma di tornartene in pace con tua moglie!

LEONARDO (*con forza*). Tu non la conosci!

ELENA. Ma se già t'ha parlato... se è venuta qua, finanche, a cercarti...

LEONARDO (*dopo averla guardata con sdegno*). Fingi tu,
adesso, di non capire.

ELENA. Che cosa? Che tua moglie vuole che noi stiamo
uniti? Debbo capir questo?

LEONARDO. Questo, questo, sí; e tu lo sai bene! Qua,
qua, alla catena, dobbiamo stare! E non giova dispe-
rarsi. Lo dico anche a me, sai? Se occorre, anzi, bisogna ridere... ma sí! come rido io, tante volte. Non
m'hai sentito ridere? Vuoi vedere come rido? Ma so
fare anche il buffone! Tant'altre volte, pazienza! Bisogna pure che mi lagni... Stretto, oppresso, soffo-
cato cosí, punto da tutte le parti, vuoi che non dica
neppure *ahi*? Basta, no; basta, no; sai bene che non
posso dirlo *basta*.

ELENA. Ma io lo dico per te, dopo tutto. Non per me.

LEONARDO. Grazie, cara. Non ci pensare. Lo direi anch'io per te; ma non lo possiamo né io né tu. Dunque,
è inutile parlarne. Sei stanca? Ti compiango sinceramente. Perché io, per mia disgrazia, ho occhi anche
per gli altri... vedo la vita che fai... purtroppo...

ELENA. Meno male!

LEONARDO. Ah, io sí. E capisco che non si può aver
compatimento per gli altri, quando abbiamo troppo
da soffrire per noi stessi. Se mi lagno è perché non
riesco a strappare questa rete di difficoltà che m'avvi-
luppa da tutte le parti e mi toglie il respiro! Eppur
vedi, a me, fra tutto questo inferno, non è mai venuto in mente di potermene uscire... Sono disposto,
anzi, se quel vecchio imbecille ha la cattiva ispira-
zione di darmi in questo momento altre noje...

*Si ode in questo momento la voce del Ducci gridar forte dal-
l'interno.*

DUCCI. Sí, sí... Viva Ruvo! Tra poco!

Apre di furia l'uscio e, d'improvviso, s'arresta.

Oh, scusa... Sta', sta'... prego... vado di là... Solo,
con permesso...

Prende dalla scrivania alcune carte.

Ecco...

Avviandosi, piano a Leonardo:

C'è in salotto...

LEONARDO. Grazie, lo so...

Ducci s'inchina a Elena, e via richiudendo l'uscio.

ELENA. Me ne vado.

LEONARDO. Sí, sarà meglio. È già qui. Non dubitare,
verrò prima di sera, immancabilmente.

ELENA. T'aspetto, dunque. Credi che è necessario. Non
vuol piú aspettare.

LEONARDO. Verrò, verrò, non dubitare. Addio.

Elena via, Leonardo rimane un po' su la soglia dell'uscio.
Gli s'avvicina dal corridojo interno l'uscere.

L'USCERE. Faccio entrare?

LEONARDO. Sí.

Attende un po' sulla soglia, poi, all'appressarsi di Gugliel-
mo Groa e del D'Albis, che conversano fra loro, viene ad
appoggiarsi alla scrivania.

GUGLIELMO. Io, caro signore, povero provinciale, sono
allocchito, ecco, proprio allocchito! Cose grandi a Roma, cose grandi! E anche lui, *Nitto* Ruvo è diventato
grande... Ma, per me, se vuol essere chiamato, si chiama sempre *Nitto*...

Salutando Leonardo.

Caro genero!

D'ALBIS (*sorridendo*). Come? come? Nitto?

GUGLIELMO. Sissignore. Benedetto, Nitto: noi, laggiú, di-
ciamo *Nitto*. Compagni di scuola, si figuri. Ma a un
certo punto, io, impastato di creta, m'accorsi che se
volevo restare uomo giudizioso, dovevo chiudere i
libri. Li chiusi. Scrivo, come dice mio genero, privi-
legio con due *g*, e vero, ma, la testa, signor mio, un
orologio! Nitto Ruvo invece continuò a studiare, e,

povero infelice, ecco qua che lo stanno facendo ministro.

D'Albis (*scoppia a ridere*). Oh bella! bella! Per lei è un
povero infelice?

Guglielmo. Lo stanno facendo ministro... Muore male,
glielo dico io. Ma amico sa! amico mio! amicone...
Non ne dico male!

D'Albis. Eh, lo so che è amico suo. Il Ruvo mi ha parlato tanto bene di lei.

Guglielmo. Ah, lui parla bene, lo so! Parola facile,
elegante... A sentirlo, pare che, come niente, il mondo tra le sue mani, in quattro e quattr'otto, lo vuole
tondo? tondo! lo vuole uovo? uovo! Però, signore mio,
io ho i peli bianchi. Gira gira, il perno è uno! E con
ciò, badi, non dico che non auguro a Nitto Ruvo di
diventare ministro. Per me, anche re. Sembra proprio che sia, come dicono loro, alla soglia del potere...

D'Albis. Già dentro, senza dubbio! Abbiamo lottato
senza tregua... E la lotta s'è disegnata fin da principio così... netta, precisa... e l'abbiamo condotta con
tal rigore di logica, con tale semplicità di mosse, che
è proprio una soddisfazione per noi l'averla combat-
tuta.

Guglielmo. Gesú, Gesú... che cose! Ma piacere, sa, pia-
cerone... Perché io, non ne ho l'aspetto, ma, nel col-
legio, sono, come suol dirsi, una colonna del Ruvo.

D'Albis. Eh, lo so bene!

Guglielmo. Ma re, ministro, il Ruvo, non ci facciamo
illusioni, caro signore, gira gira...

D'Albis. Il perno è uno?

Guglielmo. Uno!

D'Albis. Però...

Guglielmo. No, niente, scusi: lasciamo andare. Quando
si parla di politica, io sono come un turco alla predica.

D'Albis. Quanto a questo, il vero turco, guardi, eccolo
qua!

Indica Leonardo.

Scommetto che non sa neppure contro chi abbiamo
combattuto. Ed è vissuto qua, in mezzo a noi, nel
fervore della lotta. Se ne sta lí a scrivere il romanzo
e, quando può, me ne caccia qualche cartellina fra gli
articoli.

LEONARDO. Ho già rimediato, sai?

D'ALBIS. Sí, caro. Ma io vorrei trovarmi presente per la
votazione. Lei viene dalla Camera? A che punto ha
lasciato la discussione?

GUGLIELMO. Non ci ho capito nulla!

D'ALBIS. Ma chi parlava almeno?

GUGLIELMO. Ah, sissignore... Lui, Nitto Ruvo.

D'ALBIS. Successone eh? Sappiamo già che cosa rispon-
derà il Governo. Battuto, battuto, in precedenza! Vado ad assistere al crollo finale. Con permesso.

GUGLIELMO. Padrone mio, caro signore.

D'ALBIS. Addio, Arciani.

LEONARDO. Addio.

D'Albis via.

GUGLIELMO. Sí, sí, lo lasci arrivare, il suo grand'uomo,
e poi me ne saprà dire qualche cosa. Per curiosità: li
dà lui, è vero, Nitto Ruvo, i...

Strofina il pollice e l'indice, per significare i quattrini.

a questo giornale?

LEONARDO (*distratto*). Non so.

GUGLIELMO. Certo: se ne dicono bene... Molla! Molla!
E balla, comare, che fortuna suona! Ma tu, levami
un dubbio, non ti sei rivolto a lui, al Ruvo, è vero?,
per entrare a... come si dice?, a... a scrivere insomma
in questo giornale?

LEONARDO. Io? No, perché?

GUGLIELMO. Perché non vorrei, io che so di che pelame
è quell'animale, non vorrei che si credesse disobbli-
gato con me per averti fatto entrare in un giornale
stipendiato da lui.

LEONARDO. Ma niente affatto. Io non lo conosco neppure. Presto qua, come altrove, il mio lavoro, e non credo d'aver bisogno del Ruvo o d'altri per scrivere in un giornale come questo.

GUGLIELMO. E ci provi gusto?

LEONARDO. Ah no, davvero...

GUGLIELMO. E allora perché lo fai? L'uomo, capisco, oggi è così,

Mostra il palmo della mano, poi il dorso.

domani così. Ma una volta mi dicesti che era un... dicevi una parolaccia curiosa: facchinaggio, ecco, facchinaggio...

LEONARDO (*accendendo un'altra sigaretta*). Sí, mi pare.

GUGLIELMO (*alzandosi*). Figlio mio, permetti?

Gli leva la sigaretta e la butta.

Hai finito or ora di fumare: è una porcheria! Ti rovini...

LEONARDO (*sorridendo, cavando un'altra sigaretta e accendendola*). Ma mi lasci rovinare!

GUGLIELMO (*prendendogli una sigaretta e accendendo al fiammifero di lui*). Aspetta, mi rovino anch'io, allora.

Torna a sedere.

Facchinaggio, dicevi, già! Che si poteva sopportare soltanto per passione, o per vanità, o per bisogno. È vero, sí o no?

LEONARDO. Sarà... non ricordo. Io, intanto...

GUGLIELMO. Passione, no, l'hai detto. E allora, per vanità? Bisogno, non ne hai.

LEONARDO. Ah! non ne ho? E che ne sa lei?

GUGLIELMO. Tu hai bisogno? Tu scrivi qua per bisogno? Come... scusa... e perché non me l'hai mai detto, figlio mio?

LEONARDO. No no no. Ah, basta, basta, ormai da parte sua. D'ora in poi, a me, provvedo io.

GUGLIELMO. Benissimo... Come diceva quello? *Nobili sensi invero...*

LEONARDO (*interrompendo*). Senta, mi lasci fare, la prego. Lei non può capire. Mi fa male, creda, entrare con lei in codesti discorsi. Dovrebbe intendere che di ronte a Livia, io...

GUGLIELMO. Livia? No, scusa: che c'entra Livia adesso?

LEONARDO. Ma sí che c'entra, perché dopo la rovina della mia casa e la morte di mio padre —

GUGLIELMO. — mia figlia t'ha fatto pesare? —

LEONARDO. — no, no: lei no! lei, mai! Ma io, io, per me stesso...

GUGLIELMO. Va' va' va'! Mi vorresti far sorbire come un decottino a digiuno, adesso, che tu per conservare la tua... come debbo dire? in-di-pen-den-za di fronte a tua moglie, ti rassegni, ti sobbarchi a questa schiavitú sotto altri?

LEONARDO. Ma nessuna schiavitú! Chi le dice ch'io sia schiavo? Questo poi no! Schiavo di nessuno...

GUGLIELMO. Ma di te stesso, scusa, schiavo del tuo stesso bisogno, se non d'altri! Quando... Ah caro mio, ho buona memoria io, sai? T'affannavi tanto un tempo a sostenere che lo... lo scrivere... l'arte, insomma, è anche essa un lavoro, un gran lavoro, che ha bisogno d'indipendenza... dicevi cosí? e ti sdegnavi contro quelli che sostenevano che fosse invece un divertimento, uno spasso: sí... Lasciamo andare! L'indipendenza, l'hai avuta. Io e tuo padre, d'accordo, te l'abbiamo data. Poi, tuo padre, poverino non per colpa sua, è venuto meno agl'impegni... ma tu, a casa tua, grazie a Dio, con la dote di tua moglie... chi ti dice nulla? Puoi lavorare come ti pare e piace, o non far niente, che sarebbe meglio, a giudizio d'un povero ignorante.

LEONARDO. Questo, scusi, perché le secca ch'io scriva in un giornale stipendiato, come lei dice, dal Ruvo?

GUGLIELMO. No. Non per questo soltanto, figlio mio.

LEONARDO. E allora per che altro?

GUGLIELMO. Ora te lo dico. Perché tu, riducendoti cosí, a vivere angustiato, afflitto —

LEONARDO. — ma nient'affatto! —

GUGLIELMO (*seguitando*). — col misero frutto, sissignore, misero frutto che puoi cavare da questo facchinaggio che t'avvilisce...

LEONARDO. Ma nient'affatto! —

GUGLIELMO. Vorrei uno specchio per mettertelo sotto il naso! Mi pare... non so... mi pare che ti sia tutto immiserito... Non ti riconosco piú. Eh sí, scusami... se puoi credere sul serio che il non dovere piú nulla, materialmente, a tua moglie... Già, vai a pensare a codeste miserie!

LEONARDO. Ma non è il denaro! non è soltanto il denaro, creda!

GUGLIELMO. Sta' zitto! So che è, perciò ti parlo cosí. Non facciamo storie! Sta di fatto, caro mio, che tu credi sul serio che codesto lavoro che fai, possa lasciarti libero d'ogni riguardo...

LEONARDO. Chi glielo dice?

GUGLIELMO. Te lo dico io che me ne sono accorto. D'ogni riguardo, d'ogni rimorso, e abilitarti quasi a recare a tua moglie qualunque altro male...

LEONARDO. Ma io non so perché lei mi parli cosí. Livia si lamenta? S'è forse lamentata con lei?

GUGLIELMO. No. Ma è questo appunto il guajo! Che non si lamenta, né con me, né con te, né con nessuno! Ma del suo silenzio tu non dovresti approfittare!

LEONARDO. Oh, insomma... Lei sa tutto? Mi dica che cosa vuole da me. È inutile tenermi qua alla tortura. Non mi costringa a mentire ancora. Non ne posso piú!

GUGLIELMO. Io, a mentire? Non sia mai! Al contrario! Peccato, figlio mio, mentire... Io voglio anzi conoscere la verità, veder la ragione...

LEONARDO. Vuol vedere la ragione? E poi?

GUGLIELMO. Come, e poi?

LEONARDO. La ragione? Le dico subito che per me non
ce n'è. Le basta?

GUGLIELMO. Ah! Dunque... dunque t'accusi, cosí sen-
z'altro?

LEONARDO. Ma accusarmi o scusarmi, al punto in cui
mi trovo, è proprio inutile, creda!

GUGLIELMO. Inutile? Ma abbi pazienza...

LEONARDO. Non posso averne piú, di pazienza. Non si
tratta piú, creda, di vederne la ragione, chi n'abbia
piú, chi n'abbia meno, né d'accusare, né di scusare...
Riconosco non solo la mia colpa; ma giacché ne sono stato punito, riconosco che la punizione è stata
giusta e non mi lagno.

GUGLIELMO (*stupito*). Tu?

LEONARDO (*con fredda tristezza, convinto, rassegnato*). Non
mi lagno.

GUGLIELMO. E, vedo, che...

Fa un gesto con la mano, per significare: vedo che accenni
d'ammattire.

LEONARDO. No... purtroppo, no! Fossi pazzo davvero!

GUGLIELMO. Scusa. Per giunta, vorresti lagnarti, tu, ri-
conoscendo...

LEONARDO. Ma se le dico che non mi lagno!

GUGLIELMO. Grazie tante di questa concessione!

LEONARDO. Riconosco pure, che vuole che le dica?, riconosco che Livia piú di tutti ha diritto di ribellarsi...

GUGLIELMO. Ma aver torto, aver ragione, dunque è
tutt'uno per te? E chi ha torto, non deve...?

LEONARDO. Ma se io sono punito! Creda: sono già stato punito...

GUGLIELMO. Come sei stato punito? Da chi?

LEONARDO. Parli piano, la prego...

GUGLIELMO. C'è qualcuno che si rompe di là? Parliamo piano. Da chi sei stato punito? Come? Mi pare...
mi pare molto comodo darsi da sé la pena, assogget-
tandosi a un po' di fatica per uno scrupolo sciocco!

Sí, sciocco, perché quando a una donna hai tolto tutto: l'amore, la pace... può parere anche ridicolo, scusa, farsi scrupolo...

LEONARDO. Ora lei mi offende...

GUGLIELMO. Io? No, figlio caro!

LEONARDO. Ma che vuole allora da me? Mi lasci stare... Vuol ragionare? Io non posso.

GUGLIELMO. E fare? Lasciamo di ragionare, adesso. Fare! fare! Che intendi fare? Fra te e tua moglie la vita, capirai, a questo modo non è piú possibile. Bisogna assolutamente venire a una soluzione qualsiasi. Mi sono provato a muoverne il discorso a quella santa figliuola: è inutile: con lei non si può parlare. Io la conosco però. Soffre in silenzio, sai, la povera figlia mia! E tu mostri di non accorgertene, perché cosí ti conviene.

LEONARDO. Se le dicessi che lei, Livia stessa, è venuta qui, poco fa, a prevenirmi che lei già sospettava, consigliandomi a mentire perché lei non :apesse nulla?

GUGLIELMO. Ah! Come? Lei? è venuta qua?

LEONARDO. Proprio lei, mezz'ora fa.

GUGLIELMO. Per costringerti a mentire?

LEONARDO. Legga.

Gli porge il biglietto di Livia.

GUGLIELMO (*dopo aver letto*). Un sacrificio di questo genere, per me? Volesse Dio, che fosse per questo! E allora, allora subito me la riporto via con me, la figlia mia! Ma che, no! Vedi che non sai comprenderla? lei spera ancora... aspetta che tu... No?

LEONARDO. No. Livia sa che non è piú in mio potere portarci rimedio. E non ne cerca, sa? Né vuole che altri lo cerchi. Ha visto?

GUGLIELMO. Ohè, dico, siete impazziti tutti e due? Tu. qua, fai un po' il tiranno, un po' la vittima; dici che sei punito; lei ti prega di non tradirti, per non farmi comprender nulla... A che gioco giochiamo? Io sono vecchio, Leonardo, so il mondo; so che hai errato; tu stesso hai la franchezza di confessarlo. Cose senza rimedio non ce n'è: la morte sola! Vediamo insieme, studiamo insieme quel che s'ha da fare. Siamo uomini! Conta su me. Tutto il mio aiuto...

LEONARDO. Ma che aiuto può darmi lei? Di denaro? Perché vede affannarmi cosí?

GUGLIELMO. Ma anche d'esperienza... di tutto... Io posso —

LEONARDO. — nulla! nulla! Lei non può nulla! È tutto inutile, creda!

GUGLIELMO. Ma che c'è sotto? Perdio, di che si tratta, insomma? Un rimedio ci sarà, se tu vuoi... Lo troveremo.

LEONARDO. Non c'è rimedio... Non c'è rimedio...

GUGLIELMO. Lasciami almeno tentare! — No? Ma perdio c'è di mezzo mia figlia! Ho sí o no il diritto di sapere? Posso lasciarvi cosí? Tu confessi la tua colpa e vi ti ostini, e vuoi che io, padre, possa permettere che mia figlia continui a soffrire in silenzio, rassegnata, ostinata anche lei a tacere? Volete farmi impazzire? Se tu hai perduto ogni sentimento di rispetto, di lealtà... se ti rifiuti finanche di ragionare, perdio!

LEONARDO (*gridando*). Non posso, le ho detto! Che vuol ragionare? Finisca, una buona volta di tormentarmi!

GUGLIELMO (*quasi inveendo*). Io?

Si apre l'uscio e su la soglia appare Livia. Guglielmo e Leonardo restano accesi, sospesi d'un tratto.

LIVIA (*s'avanza perplessa, spiando nei volti del marito e del padre*). Ho bussato... Nessuno m'ha sentito...

GUGLIELMO. Parlavamo... Discutevo con tuo marito...

LIVIA. Ho tardato molto?

GUGLIELMO. No; io ho anticipato, per parlare con Leonardo.

LIVIA (*guardando costernata Leonardo*). E...

GUGLIELMO. Sosteneva una tesi sbagliata, tuo marito. E

volevo persuaderlo. Sosteneva che, in certe questio-
ni... politiche, aver torto, aver ragione è tutt'uno. Il
pubblico, che è il vero interessato, non parla, si osti-
na a non parlare. Chi ha torto, ne approfitta. E questa pareva a me una indegnità... una vera indegnità,
ecco!

*Silenzio. Leonardo raccoglie in fretta, con mani tremanti,
le cartelle dalla scrivania. Livia, che ha tutto compreso, si
reca il fazzoletto alla bocca per soffocare un singhiozzo
irrompente. Guglielmo incalzando più violento:*

Una disonestà che deve finire, perdio!

LIVIA. Babbo... no, babbo...

Leonardo prende il bastone, il cappello e fa per andare.

GUGLIELMO. Non vuol sentire ragione! Te ne vai?

Balzando in piedi:

Non basta andarsene!

LIVIA (*trattenendo il padre con un grido*). Ha la figlia, babbo! Ha la figlia! Non può sentir ragione!

Leonardo via, di furia.

GUGLIELMO (*restando*). Lui?

LIVIA. Sí. Una figlia.

GUGLIELMO (*restando*). Ah, per questo?

*Si odono dall'interno, contemporaneamente, grida confuse,
battimani, tra cui risaltano queste parole: Vittoria! Vittoria! Battuto!*

Che succede?

*A un tratto l'uscio si spalanca e tre, quattro accaldati, esul-
tanti vi si mostrano, tra cui Ducci.*

DUCCI (*gridando*). Ottantacinque voti di minoranza!
Vittoria!

GUGLIELMO (*inchinandosi comicamente*). Me ne congratulo tanto, caro signore!

TELA

Atto secondo

*In casa di Leonardo Arciani. Lo studio, arredato con ricca
e sobria eleganza. Quattro scaffali pieni di libri, ampia scrivania con libri e carte, una sedia, una greppina ecc. Uscio
comune in fondo. Usci laterali. Finestra a destra.*

*Al levarsi della tela Guglielmo Groa sarà sdrajato su la
greppina con una coperta su le gambe, un giornale su la faccia.
Sulla scrivania è ancora accesa la lampadina elettrica ripara-
ta da un mantino verde.*
*Entra Livia, vede il padre lì steso, tentenna lievemente il
capo con un sospiro, poi va ad aprire gli scuri della finestra:
entra la luce del giorno. Livia spegne la lampadina elettrica
della scrivania e va a scuotere i padre.*

LIVIA. Babbo... babbo...

> *Gli toglie il giornale dal volto.*

GUGLIELMO (*destandosi*). Oh!

> *Tirandosi su, a stento, a sedere:*

Ahi! ahi!

LIVIA. Hai dormito lí?

GUGLIELMO. No. Che dormire! È giorno? To' to' to',
ho dormito davvero! E tu?

LIVIA. Non è tornato.

GUGLIELMO. Tutta la notte? E tu, in piedi?

LIVIA. Son già le nove, babbo.

GUGLIELMO. Ah, sí?

> *Si alza, guarda l'orologio.*

Perbacco... le nove...

> *Resta assorto un pezzo.*

Non è tornato dunque? Benone. Ha trovato il pretesto. Perché, infine, che gli ho detto io?

LIVIA. Oh, è bastata una parola...

GUGLIELMO. Ma non gli ho detto nulla! Volevo che parlasse lui, anzi. Che gli ho detto io?

LIVIA. Nulla, babbo. Io dico: una parola qualunque. C'era un'apparenza di vita, qua, che si reggeva... cosí, sul silenzio. È bastata una parola... È crollata.

GUGLIELMO. Che è crollato? Eh, no, cara! Cosí? Finché sto io in piedi, perdio, sta' pur sicura che non crolla nulla!

LIVIA. E che vorresti piú fare adesso?

GUGLIELMO. Ah, niente? Non c'è piú niente da fare, secondo te? E sfido io! Mi sembri una barca senza vela... Ma ci son io, oh! E me lo dirà lui, intanto, che cosa intende di fare!

LIVIA (*quasi sgomenta nel cordoglio*). Vorresti andare a cercarlo?

GUGLIELMO. Ma sicuro che ci vado! Ora stesso ci vado!

LIVIA (*con impeto*). No, no, babbo! Non voglio! Non voglio! Non voglio assolutamente!

GUGLIELMO. Come non vuoi? Scusa che c'entri tu? È cosa che devo vedermi io con lui!

LIVIA. No, te ne scongiuro, babbo! Non voglio! È cosa che riguarda me! E tu non puoi farlo se io non voglio. Basta, ora, basta! Non m'importa piú di nulla, credi!

GUGLIELMO. Ma allora domando io a te: che cosa vuoi fare, tu?

LIVIA. Nulla... non voglio piú nulla io. Non so... non lo so io stessa, oramai...

GUGLIELMO. E io dovrei acquietarmi cosí? Vedere mia figlia rimanere in questo stato, perché il marito, dopo averla ingannata e poi abbandonata, si metta infine con la figlia avuta da un'altra donna?

LIVIA. No, babbo, non è questo!

GUGLIELMO. E che altro? Se n'è andato. Finché stavi

muta, stava qui. Ho parlato io, e ha trovato il pretesto per andarsene. Voleva il silenzio, lui! Sfido! Che nessuno parlasse! Che nessuno ragionasse! Perché non poteva ragionare lui. È sopra ogni ragione, lui! S'accusa, sí, ma è anche sopra ogni accusa. Sopra ogni accusa e sopra ogni scusa. Non si dichiara anche senza scuse? Concede tutto. E poi non si lagna, oh! Avessi a credere che si lagna? Non si lagna! E ha avuto anche la degnazione di dirmi che tu, sí, tu avresti tutto il diritto di ribellarti; ma non lo fai perché capisci che non c'è rimedio... Un sacco di gentilezze commoventissime... Cose da trasecolare! Ma dove siamo? Oh, io mi tocco e dico: ma, ho la testa a posto? In che mondo sono cascato? La meraviglia non è di lui... Ma vedo te, cosí... Ohè, figlia mia! Che sortilegio t'ha fatto? Va', va', senti, ho la bocca amara, un po' di caffè, ti prego. Sono calmo, vedi? Fammi ragionare un po' con te, almeno. Ma prima un po' di caffè, va'...

Livia, commossa, fa cenno di sí, esce per l'uscio laterale a sinistra. Guglielmo resta assorto, fa gesti di stupore, di sdegno. Poco dopo rientra Livia.

LIVIA. Ecco, a momenti...
GUGLIELMO. Vieni qua, accostati.

La abbraccia; le carezza il capo.

Sei cresciuta senza mamma, tu, povera figliuola mia... E lo so, tante cose ti sono rimaste chiuse dentro... E questo tuo padre, cosí grosso... preso da tanti affari... non t'ha saputo mai parlare... non ha saputo mai farti parlare... farti dire ciò che ti stava sul cuore... Ma ora... ora bisogna che tu mi parli... sí, a poco a poco, piano... Io mi faccio quanto piú posso vicino a te... va bene? per sentire quello che non hai potuto dire mai a nessuno... A lui, no di certo, se ha potuto trattarti cosí... Lo dirai a me? Su. Mettiamo

in chiaro prima di tutto, questo: Tu gli vuoi bene...
ancora?

*Livia chiude gli occhi dolorosamente; poi, appena, col
capo, fa segno di no.*

No? Devi dirmelo: No.

LIVIA. Ti dico no...

GUGLIELMO. Me lo dici bene! Non cominciare a negare: perché la vera disgrazia è questa, figliuola mia.
Siedi, siedi.

Seggono.

Ecco, guarda: tu puoi benissimo crederti una, ed essere due, invece. Due, due... Voglio dire: divisa tra
l'orgoglio e l'amore. L'orgoglio, in bocca, ti dice: no;
mentre l'amore, in petto, ti dice: sí.

LIVIA. No, t'inganni.

GUGLIELMO. M'inganno? Sta bene. E allora perché?

LIVIA (*si volge a guardare verso l'uscio a sinistra*). Non vorrei che...

GUGLIELMO. Pensi al caffè, io non ci penso piú.

LIVIA. No, non vorrei che sentissero...

GUGLIELMO. Parlo tanto piano!

Con uno scatto:

Ma che cos'è? Piano di qua, piano di là! non si può
piú davvero parlare? Fare, sí, si può tutto. Gli atti
qua non offendono. Appena i parla invece: piano!
piano! V'offendono le parole? Ma guarda!

Afferrandosi i lobi degli orecchi:

Pare che gli orecchi soltanto in città vi diventino cosí
delicati!

LIVIA. Hai ragione. Ma perché far sapere?

GUGLIELMO. Vedono, figliuola mia! Ti pare che, se non
sentono nulla, per questo non debbano vedere? Vedono! O forse egli, altre notti...?

LIVIA. No, ah no, questo mai!

Guglielmo. Meno male! Con codesta remissione, poteva anche darsi che ti fossi avvilita fino a tanto.

Livia. Che dici, babbo? Ma veramente allora tu non mi conosci! Io non mi sono mai avvilita. Fin dal primo giorno che seppi, tra me e lui è finito tutto. Egli non m'ha visto neppure una lagrima negli occhi. È rimasto qui, perché cosí ho voluto; non per me, per gli altri. Ma io non l'ho piú guardato. E perciò ora voglio che... Zitto!

Si sente picchiare all'uscio a sinistra.

La Cameriera. Permesso?

Guglielmo. Avanti.

La Cameriera (*entra, recando un vassojo con una tazza, ecc Depone tutto su un tavolino; poi*). Comanda altro?

Guglielmo. No, grazie.

La cameriera via. Guglielmo si versa il caffè e comincia a sorseggiarlo in silenzio; poi dice, come a se stesso:

Mia figlia... in questa situazione! E chi sa per quanto tempo ci saresti rimasta, se non fossi venuto io a muovere le acque.

Livia. Eh, sarebbe stato meglio forse, meglio, babbo, che non fossi venuto.

Guglielmo. Ah, vedi? Puoi dire cosí? Ma dunque, via, non negare!

Livia. No. Non lo dico per quello che tu credi! Ti giuro, babbo, t'inganni! Tu sei convinto che fosse necessario quest'urto violento, questa spinta che sei venuto a dare a quell'apparenza di vita che ti dicevo... che si sorreggeva qui sul silenzio... Ebbene, io non avrei voluto, te lo confesso. E Dio sa se ho fatto di tutto perché non t'accorgessi di nulla. Non per altro, credi, ma perché so che... Non posso... non posso parlare...

Guglielmo. Come non puoi? Perché? Chi te lo proibisce?

Livia. Ma chi vuoi che me lo proibisca? Io stessa. Ve-

di, babbo: comprendevo bene, che tu, venendo a
conoscere soltanto ora, dopo tanto tempo, ciò che è
accaduto, quando la colpa è veramente finita, scon-
tata, e ci sono soltanto come punizione per lui le
conseguenze, dovessi credere ancora necessario, utile
il tuo intervento. Non può sembrarti tardi, insomma,
a te, poiché vieni a sapere soltanto ora, tu. E non
vedi piú lui come veramente è, ma come la sua colpa,
conosciuta ora all'improvviso, inattesamente, te lo fa
vedere; hai voluto ragionare con lui, fargli intendere la ragione: è naturale. Io sapevo invece ch'era
inutile ormai. Inutile parlare, inutile ragionare... Ma
scusa, che vuoi piú parlare? Non vedi come s'è ri-
dotto?

GUGLIELMO (*con infinito stupore, che gli toglie quasi la p -
rola*). Ma allora... ma allora... perdio... Io sbalordi-
sco... Tu hai compassione di lui?

LIVIA. No, non compassione... ribrezzo... non so! L'ho
veduto a poco a poco cadere cosí... avvilirsi... perché non può... vedi?... non può col suo lavoro...

Un nodo angoscioso alla gola le impedisce per un momento
di proseguire: ma riesce a dominarsi subito.

Non sa piú come fare...

GUGLIELMO. Ma dunque tu speravi —?

LIVIA (*subito*). — nulla, no; non speravo nulla!

GUGLIELMO. Aspettavi, almeno, che...

LIVIA (*subito*). No, no!

Con fierezza:

Perché se egli fosse venuto qua a dirmi che per me
aveva abbandonato la figlia in mezzo a una strada

Con forza, con sdegno:

io l'avrei scacciato!

GUGLIELMO (*sbalordito*). E allora proprio non ti capisco piú!

LIVIA. Forse non so dirtelo. Vedi, babbo: per l'odio

ch'io sento dell'offesa ch'egli mi ha fatto, questa non sarebbe stata per me una soddisfazione. Se egli avesse abbandonato la figlia, perché convinto di non poterla piú mantenere, e fosse tornato a me, agli agi della sua casa, mi avrebbe fatto ribrezzo, orrore. Capisci, adesso?

GUGLIELMO. Come se quella fosse tua figlia! Va bene: se egli la avesse abbandonata per le considerazioni che tu dici... sí, posso anche comprendere... Ma se gliel'impongo io, ora?

LIVIA. Tu? E come puoi imporglielo tu?

GUGLIELMO. Ma non c'è mica bisogno che la abbandoni in mezzo a una strada. Si provvederà a lei, alla madre...

LIVIA. E ti pare ch'egli possa rinunziare, cosí, alla figlia, babbo?

GUGLIELMO. Ah, sí? Bel ragionamento! E debbo io permettere che sia abbandonata, invece, mia figlia? Che modo di ragionare è codesto? Sono padre anch'io, e mi difendo la mia figliuola!

LIVIA. Vedi dunque? È proprio lo stesso caso!

GUGLIELMO. No, cara, no. Non è lo stesso caso! Sarebbe lo stesso, se io non fossi tuo padre, ma il padre della sua amante, e pretendessi che per lei egli abbandonasse la figlia ottenuta dalla sua sposa legittima: che è un'altra cosa! ben altra! ben altra!

LIVIA. Parole, babbo! Come vuoi ch'egli faccia codeste distinzioni, quando non ha che una figlia sola?

GUGLIELMO (*trasecolato*). Ma debbo vedermi anche questa, dunque? Che tu prenda le sue difese?

LIVIA (*con un grido*). Non lo difendo, né l'accuso! Io vedo me, babbo; quel che mi manca! Dove sono i figli è la casa! E qua, lui, figli non ne ha!

GUGLIELMO (*commosso improvvisamente, accorrendo a lei e abbracciandola*). Povera figlia mia! povera figlia mia! Ah, dunque è per questo? E che colpa hai tu, se Dio non te n'ha voluto dare? Ah, è per questo! Tu dun-

que capisci che cosa vuol dire aver figli, e non ne hai!
E perché allora non vuoi capir me? Egli ha la sua casa, là, dov'è sua figlia? Ma tu hai la tua, anche tu...
la mia! Vieni via con me, dunque! Vieni via con me!

LIVIA *(sul petto del padre, gemendo)*. No... no...

GUGLIELMO *(seguitando con foga)*. Che stai piú a farci
qua, se il tuo silenzio da martire, se la tua prudenza
non bastano a muovergli il cuore? Se tu stessa t'impedisci finanche di desiderare, di sperare ch'egli ritorni a te?

LIVIA. Sí, sí... proprio cosí... Non lo desidero, perché
egli non potrebbe esser piú, ora, quello che era! E
non voglio che sia. Non posso volerlo.

GUGLIELMO. E che vuoi allora? morire di pena, qua?

LIVIA. Eh, ora forse... chi sa! Senza volerlo, tu... vedi?
credendo di far bene... hai, in un momento... disperso il frutto delle mie sofferenze di tanti anni.

GUGLIELMO. Io? Ma scusa, quale frutto?

LIVIA. Il suo contegno verso me... Il suo rispetto...
Mentre ora...

GUGLIELMO. Era soddisfazione per te il supplizio di tutti i giorni? Non le capisco io, codeste imprese, figliuola mia! Ti sei avvelenata l'esistenza. Basta ora. Basta. Bisogna decidere.

LIVIA. E ti pare che mi sarebbe stato difficile, in tanti
anni, far quello che tu hai fatto in un momento solo?
Prima, prima bisognava farlo!

GUGLIELMO. Ma perché non l'hai fatto? Non dirmene
nulla! Nulla... neppure un cenno che mi facesse intendere!

LIVIA. Io dico prima che gli nascesse la figlia.

GUGLIELMO. Ebbene?

LIVIA. Quando? Se mi sono accorta del suo tradimento già troppo tardi!

GUGLIELMO. Quando già era nata la figlia? Ma com'eri? cieca?

LIVIA. Eh, sí... l'arte! Che ne sapevo io? Egli non ci

pensava piú, dacché s'era sposato. Vivevamo tranquilli, insieme, in pace —

GUGLIELMO. — e sotto sotto, intanto —

LIVIA. — no: arrivò un giorno una lettera —

Si ferma.

GUGLIELMO. — che lettera? —

LIVIA. — una lettera: la leggiamo insieme (egli non
aveva segreti per me); non riconobbe in prima la
scrittura; io stessa gli feci notare: *Non vedi? È di tua
cugina* —

GUGLIELMO. — quella Orgera? —

LIVIA. — che era stata sua fidanzata: si erano lasciati
per un puntiglio —

GUGLIELMO. — lo so. E quella lettera?

LIVIA. Le era morto il marito. Non avendo altri parenti
a cui rivolgersi chiedeva a Leonardo un soccorso —

GUGLIELMO. — sfacciata! —

LIVIA. — e io stessa, insistentemente, spinsi Leonardo
a mandarglielo.

GUGLIELMO. Ah... sei stata proprio tu?

LIVIA. Come avrei potuto sospettare? Ma neanche lui,
neanche lui suppose allora ciò che doveva accadere!

GUGLIELMO. E poi? In principio?

LIVIA. Circa tre mesi dopo, egli si rimise a scrivere, a
scrivere, come non aveva mai fatto. Certe notti, appena venuto a letto, tornava ad alzarsi. Alle mie in-
terrogazioni, rispondeva che io non potevo comprendere che cosa fosse. Gli era ritornato l'estro, diceva.

GUGLIELMO. Ah, bell'estro! Bell'estro! Magnifico!

LIVIA. Cosí m'ingannò.

GUGLIELMO. Per non doverti piú nulla, è vero? Che pu-
dori ha la coscienza! Ma gliel'ho detto, sai? Gliel'ho
detto!

LIVIA. Se ci rifletti un poco, devi riconoscere anche tu
che, dopo tutto, non poteva fare altrimenti.

GUGLIELMO. Eh, già! Da uomo onesto... Galantuomo!

S'è messo a lavorare... per mantenere col sudore della fronte...

LIVIA (*piano, assorta*). E potesse almeno! Ma non può.. non basta...

GUGLIELMO. Che dici?

LIVIA. Dico che non può piú... non basta...

GUGLIELMO (*irritato*). E perciò? Secondo te, che dovrei fare io? Andargli a chiedere scusa, umilmente, e pregarlo di ritornare?

LIVIA. Babbo! Ancora?

GUGLIELMO. T'offendi? io non ti capisco, non riconosco piú te, invece! Vuoi restare cosí? Ma se non sai tu stessa quello che vuoi! Mi ringrazi cosí d'aver tentato almeno di mettere le cose a posto?

LIVIA. Eh... Se avessi potuto metterle, a posto...

GUGLIELMO. Ma se tu mi leghi le braccia! Oh bella! Se mi dici che non devo far nulla!

LIVIA. Ebbene, guarda: Vuoi andare a trovarlo, è vero? Che gli dirai? Tornerai a ragionare con lui. Ma per quante cose tu possa dirgli, né con la ragione, né con la forza potrai ottenere che egli abbandoni la figlia. Ripeto: qua, lui, figli, non ne ha. Dunque?

GUGLIELMO. Ma qui lui ha la moglie, perdio! Non rappresenti dunque nulla, tu?

LIVIA. Sí, la moglie, rappresentavo. Finché tu non l'hai messo al bivio: tra la moglie e la figlia. Se n'è andato dalla figlia, vedi.

GUGLIELMO. Oh, dunque. Tu vuoi ancora seguitare a soffrire, cosí, senza scopo? Bene, senti, cara, accòmodati! Io me ne vado. Ah, mi rivolta, capisci! questo spettacolo mi rivolta! Non posso sentirti parlare cosí! Non sarei sicuro di me. La mia casa è aperta, lo sai. Quando ti parrà, ci verrai. Vado a farmi subito le valige.

Esce furiosamente per l'uscita a sinistra. Livia resta in mezzo alla stanza; si copre il volto con le mani: sta un po' così; finché, udendo picchiare all'uscio a vetri, in fondo, si scuote e cerca di nascondere le lagrime.

LIVIA. Chi è?

La cameriera entra con un biglietto di visita in mano e lo porge a Livia, che lo prende e legge.

Di' che il padrone non c'è.

LA CAMERIERA. Gliel'ho detto. Ma vuol parlare col padre della signora, dice.

LIVIA (*resta un po' sopra pensiero poi dice*). Fallo passare.

Entra poco dopo Cesare D'Albis.

D'ALBIS (*dalla soglia*). Permesso?

Si fa avanti, s'inchina, porge la mano.

Oh, Signora... Mi scusi se ho insistito... M'hanno detto che Leonardo non c'è... Non importa. Basta che ci sia suo padre, perché veramente avrei bisogno di lui.

LIVIA. S'accomodi, prego. Ma non so se mio padre... in questo momento...

D'ALBIS. Sa, mi premerebbe molto, proprio molto di vederlo.

LIVIA. Scusi... Lei viene forse da parte di Leonardo?

D'ALBIS. Io? No. Perché?

LIVIA. Ah, bene. Nulla. Aspetti un momento. Vado a vedere se mio padre...

D'ALBIS. Permette? Volevo propriamente parlargli d'una cosa che... sí, può anche interessare Leonardo, questo sí; anzi l'interessa davvicino. Ecco, per il Ruvo, insomma.

LIVIA. E... lei non l'ha veduto?

D'ALBIS. L'onorevole Ruvo? No. È stato qua?

LIVIA. No, no. Prego, segga. Vado a chiamarle mio padre.

Esce per l'uscio a sinistra. D'Albis resta un po' sconcertato, fa un gesto come per dire che non capisce nulla. Sta

*un po' seduto, poi si alza e si reca a guardare i libri di uno
scaffale. Sbuffa, torna a sedere. Entra poco dopo Guglielmo
Groa.*

GUGLIELMO. Gentilissimo signore! Lei vuol parlare con
me?

D'ALBIS. Se non le dispiace, signor Groa. Due paroli-
ne. Lei ha fretta? Ho una gran fretta anch'io. Ecco...
una preghiera.

GUGLIELMO. Comandi! S'accomodi!

D'ALBIS. Troppo gentile, prego...

GUGLIELMO. Lei è un uomo di spirito. Mi faccio meraviglia! Preghiera... comandi. Cose che si dicono, caro signore. Non ne teniamo conto per carità. Perché
io, scusi, la fretta ce l'ho veramente. Si accomodi.

D'ALBIS. Grazie.

GUGLIELMO. Non c'è di che, prego. Eccomi qua, tut-
t'orecchi.

D'ALBIS. Leonardo, io non l'ho veduto.

GUGLIELMO. E neanche io, caro signore!

D'ALBIS. Glielo dicevo, sa? perché la signora... non so...
mi ha domandato, se venivo da parte di lui...

GUGLIELMO. Ah... come, come? Lei viene per parlarmi di mio genero?

D'ALBIS. No, no. Anzi... le dico che non l'ho veduto...

GUGLIELMO. Ah, benone! Perché, se permette, desidero di non parlarne affatto.

D'ALBIS. C'è forse qualche novità?

GUGLIELMO. Niente. No. Affari miei. Scusi, in che potrei servirla?

D'ALBIS. Ecco, sí, lasciamo andare. Volevo domandar-
le, signor Groa: è stato dal Ruvo, lei?

GUGLIELMO. Io? dal Ruvo? Nossignore. Perché voleva
che ci andassi?

D'ALBIS. Ma perché... credevo che... come amico...

GUGLIELMO. Qua? Nossignore! Al paese!

D'ALBIS. Come sarebbe, al paese?

GUGLIELMO. Ma perché, qua, lui, non mi conosce. Laggiú, al paese, siamo amiconi; e viene lui a trovar me. Io non so neppure dove stia di casa.

D'ALBIS. Eh, via! Mi vuol dare a intendere adesso che se lei, dopo la vittoria di jeri, si recasse a congratularsi...

GUGLIELMO. Io? Me ne guardo bene, caro signore! Lei non mi conosce.

D'ALBIS. Perché? Scusi. Non vedo che male ci sarebbe.

GUGLIELMO. Ma nossignore! Non ho questo vizio, creda pure!

D'ALBIS (*ridendo sforzatamente*) Ah, lei è graziosissimo!

GUGLIELMO. E abbia pazienza! Lui non ha bisogno delle mie congratulazioni, in questo momento; io, per grazia di Dio, tanto meno... Dunque, perché? Per la patria? Lasciamo stare, caro signore. Piuttosto, facciamo cosí: mi congratulo sinceramente con lei, che è stato suo strenuo paladino...

D'ALBIS. Eh, già... eh! Lei ha un po' l'aria di canzonarmi?

GUGLIELMO. Io? Nossignore.

D'ALBIS. Ma tanto, sa? una canzonatura di piú, una di meno... Purché poi mi faccia il favore che le chiedo. Questo è l'importante.

GUGLIELMO. Ho capito, sa? Si tratta del Ruvo? Non ne facciamo niente.

D'ALBIS. Permette? Mi lasci spiegare. Sono voci, ancora, voci, a cui non voglio credere.

GUGLIELMO. Vuole un consiglio mio? Ci creda.

D'ALBIS. Ma sa di che si tratta?

GUGLIELMO. Nossignore. Ma lei ci creda, dia ascolto a me.

D'ALBIS. Eh, no, scusi! Dopo tutto quello che ho fatto per lui, mi ripugna troppo! È infido, sí, ha fama d'infido; ma con me, no; con me, se ne deve guardare! perché io posso farlo pentire. Egli mi conosce; e perciò non credo ancora... A ogni modo è meglio prevenire. Nell'interesse del giornale, e dunque nell'interesse anche di Leonardo...

GUGLIELMO. Scusi tanto. La richiamo ai patti.

D'ALBIS. Che patti?

GUGLIELMO. Le ho detto che desidero di non parlare di mio genero.

D'ALBIS. Ma ora si tratta d'affari...

GUGLIELMO. Non m'immischio negli affari di mio genero.

D'ALBIS. Anche quando, scusi, la condizione di lui potrebbe d'un tratto diventare tanto difficile che...

GUGLIELMO. No! niente, sa!

D'ALBIS. Le conseguenze...

GUGLIELMO. Ma se non voglio saperne!

D'ALBIS. Glielo avverto, mi dispiace, ma io mi vedrei costretto, senz'altro, a rinunziare alla sua collaborazione che non mi serve affatto.

GUGLIELMO. E lo dice a me? Ma contentissimo, caro signore!

D'ALBIS. Forse perché lei ignora...

GUGLIELMO. Non ignoro. Giusto, anzi, per questo! Non mi faccia parlare, la prego!

Si alza. Entra dall'uscio in fondo Leonardo, pallidissimo, sconvolto.

Eccolo qua, del resto, il signor Arciani. Se la veda con lui.

LEONARDO. Caro D'Albis. Un momento di tempo. Il tempo di prendere dalla scrivania alcune carte, e andiamo via.

GUGLIELMO. Non ce n'è piú bisogno, sai!

LEONARDO. Come dice?

GUGLIELMO. Dico che puoi restare, perché me ne vado via *io*. Parto fra mezz'ora, *solo*.

A D'Albis:

Caro signore, le auguro buona fortuna, e mi compiaccio d'averla conosciuta.

D'Albis. Ma parte davvero?

Guglielmo. Stavo a far le valige, quando lei è venuto. Non ho un momento da perdere.

A Leonardo guardandolo negli occhi:

Dunque, intesi, *parto io,* io solo.

Accostandosi al D'Albis piano:

Me ne scappo a rotta di collo, per riportarmi salva in questa valigetta

si batte la fronte:

la mia piccola provvista di raziocinio. La riverisco, caro signore.

Via per l'uscio a sinistra.

D'Albis (*a Leonardo*). Per carità, non me lo far partire! Almeno per oggi! Bisogna che vada dal Ruvo assolutamente!

Leonardo (*scrollando il capo e ridendo amaramente*). Tu capiti proprio al momento opportuno...

D'Albis. Ma non c'è un momento da perdere! Perché? Che cos'è? Ti sei bisticciato?

Leonardo. E tu... liquidazione, è vero? Il Ruvo, arrivato, ti volta le spalle. Tu mi metti alla porta. Di bene in meglio!

D'Albis. Ma non ti metto nient'affatto alla porta! Il momento è grave, certo! Siamo nella tempesta, e siamo come in una scialuppa. Bisogna ora dalla scialuppa arrampicarsi alla nave arrivata in soccorso miracolosamente. Bisogna che la fune ce la faccia gettare tuo suocero!

Leonardo. Bella immagine, caro. Ma se fosse per impiccarmi, la fune... Parte, lo vedi. Parte lui, dice. Dovevo andar via io. Questa non è più casa mia.

D'Albis. Ma va' là! Che tragedie! Al solito! Non mi far ridere! Queste sono stupidaggini! Con un suocero come quello? Con una moglie così prudente...

Leonardo. Lascia... Ti prego.

D'Albis. Ma no, scusa! Sai a quanti parrebbe facilissima
la vita, al tuo posto! Tu non sai vivere, caro!

Leonardo. Eh, sí, forse hai ragione.

D'Albis. Non sai vivere! Che diavolo! Con un po' di...
sí, dico... di *savoir faire*. C'è bisogno di guastarsi cosí?
Ragazzate, via! E, quel che è peggio, guasti, anche
a me, le uova nel paniere! Credi pure che in questo
momento l'unica cosa seria è...

Leonardo. Eh, lo so, il tuo giornale!

D'Albis. Molto piú seria, da qualunque parte la con-
sideri!

Leonardo. Eh, sí, da una parte, almeno, per me...

D'Albis. Su, dunque! Va' subito a fare pace con tuo
suocero. Quello è capace d'impartirti anche la santa
benedizione. Lévagli di mano la valigia e spedisci-
melo dal Ruvo.

Leonardo. Tu scherzi, caro.

D'Albis. E tu mi fai rabbia! Io ho contato su te!

Leonardo. Se non hai altro santo, amico mio...

D'Albis. Ma perdio, pensa che ho pure fatto sacrifizii
per te!

Leonardo. Credi, D'Albis, non posso. Le cose sono arri-
vate a tal punto, che non posso davvero.

D'Albis. Vuoi che t'ajuti io? Che mi metta io di mezzo
per la pace?

Leonardo. No, che! Impossibile.

D'Albis. Oh va' là! Non ho tempo da perdere coi matti! T'avverto intanto che... mi dispiace...

Leonardo. E va bene. Ho capito.

D'Albis. Se hai il gusto di rovinarti! Ti porgo la mano,
per tirarti su: la respingi!

Leonardo. Come devo dirti che non posso?

D'Albis. E dunque, basta. Addio. Non ne parliamo piú.
Resta... resta pure. So la via. Addio.

Leonardo, esausto, sfinito, accompagna automaticamente il
D'Albis fino all'uscio in fondo; poi ritorna; s'avvicina alla

scrivania, apre il cassetto, ne trae alcune carte. Entra Livia
dall'uscio di sinistra.

LEONARDO *(quasi tra sé, stupito).* Livia!

LIVIA. Mio padre t'ha detto di rimanere?

LEONARDO. Mi ha detto che partiva.

LIVIA. Io vengo invece a dirti che, se a te non accomoda,
puoi pure andare. Nessuno ti trattiene.

LEONARDO. Sono venuto soltanto per raccogliere le mie
carte.

LIVIA. Non intendi quello che voglio dirti. La risoluzione di mio padre non deve parerti un invito a rimanere qua.

LEONARDO. Tu non mi trattieni. Ho inteso. So che hai
cercato d'impedire anche ch'egli s'intromettesse. E ho
fatto anch'io di tutto, credi, per sfuggire alla discussione, alle sue domande che mi stringevano, mi tor-
turavano; senza voler capire, per quanto io gli dicessi, che quella discussione non poteva condurre che
a questo. Ma non capisco piú perché egli parta se tu
sei venuta a dirmi che non mi trattieni.

LIVIA. Parte appunto per questo, semplicemente: perché gli ho fatto intendere ch'era inutile s'adoperasse
a trattenerti qua in modo diverso di prima.

LEONARDO. Ma dunque, se a te dispiace, per gli occhi
del mondo, che io abbandoni la casa...

LIVIA. No, no, ormai! L'hai già abbandonata...

LEONARDO. Ma non sono stato, sai? dove tu credi.

LIVIA. Non m'importa di sapere dove sii stato. So che
la tua casa è ormai altrove.

LEONARDO. La mia casa? Ma di' soltanto che non può
piú esser questa, se credi ch'io faccia un sacrifizio o
una concessione a rimanere. Io invece te lo dicevo
anche per me.

LIVIA. Ah, se è per te...

LEONARDO. Perché... Io ti sono tanto grato, Livia, del
modo con cui hai guardato e seguiti a guardare il mio

errore, grato del silenzio che hai saputo imporre al
tuo sdegno.

LIVIA. Ma non rimani, certo, col pensiero che io accetti
la tua gratitudine?

LEONARDO. Oh, no! Deve sembrar cosí poco a te, lo so,
la mia gratitudine; ma è pur grande, credi, è la cosa
piú viva e piú forte che io senta in questo momento.

LIVIA. E non temi neppure che possa offendermi?

LEONARDO. No, no. Perché so che tu comprendi. Puoi
disprezzarmi. Ma comprendi perché sono cosí. È vero? Non puoi non comprenderlo perché tu stessa mi
vuoi cosí. Non è vero?

LIVIA. Sí.

LEONARDO. E ti par poco? Vorrei che tutti cosí mi di-
sprezzassero, ma comprendessero come te e mi la-
sciassero stare... cosí, come posso, come debbo, purtroppo... Di questo appunto ti sono grato. Ho inteso,
sai? ho inteso il tuo grido...

LIVIA. Che grido?

LEONARDO. A tuo padre... là. Mi ha provato la commiserazione che senti per il mio castigo che dura, quando la colpa è finita. Io non ho casa, Livia! Là ho soltanto... tu lo sai...

LIVIA. E come? Non ti basta?

LEONARDO. Che dici? vuoi che mi basti? Come potrebbe bastarmi? Se tu sapessi...

LIVIA. Credevo che non dovesse piú importarti di
nulla.

LEONARDO. Ah, non è vero; non lo credi: tu lo sai che è
il mio supplizio e che non può essere altrimenti...

LIVIA. Tua figlia, il tuo supplizio? Ah, no, questo non lo
comprendo davvero! E non comprendo anzi piú niente, adesso, se puoi dire cosí.

LEONARDO. Oh, Livia! Ma come? Se non ho piú altro,
io! Tutta la mia esistenza s'è ristretta là, in quella
bambina. Dovrebbe compensarmi di tutto, è vero?
Ma come? Se io stesso non posso esser lieto per lei...

Lo capisci? d'averla messa al mondo... là... dove non posso abbandonarla, è vero?

LIVIA. Va bene! Ma questo, se qualcuno ti dicesse d'abbandonarla!

LEONARDO. Tu, no! Lo so, non me lo dici tu! Ma mia figlia non è qua, con te!

LIVIA. E chi può volere, là dov'è tua figlia, che tu l'abbandoni?

LEONARDO. Là? Che lo si voglia espressamente, no; ma che si creda che io finga, per stancar la pazienza, aggravando apposta le difficoltà che mi opprimono, con lo scopo d'uscirmene, questo sí. Ebbene: « Padrone! Perché no? Finiamola pure! Ecco la porta! » Capisci? Senza comprendere, come te, che io non posso. Magari potessi!

LIVIA. Ti hanno dunque proposto d'abbandonare la bambina?

LEONARDO. Ma sí! Tutto... Perché io ormai... che sono piú io?

LIVIA. Ma come potrebbe lei provvedere?

LEONARDO. Òh! Il suo lavoro frutterebbe meglio del mio, dice. E può darsi, sai? può darsi che sia vero! Perché il mio non merita compenso... altro che di parole...

LIVIA. Sarà forse perché vede mancare alla bambina?...

LEONARDO. No. Sa, sa che io non invidio piú neppure chi può attendere al proprio lavoro, al lavoro per cui è nato, di cui solo è capace, e ne abbia compenso, tanto che basti a farlo vivere, anche male... M'arrabatto, fo di tutto, cerco di fare anche quello che non posso e non so fare... quello che mi ripugna... Ma, hai veduto? Oggi stesso, or ora, è venuto il D'Albis! « Addio, caro! Non c'è piú posto per te! » Anche lui: « Alla porta! » Perché pretendeva che io mi servissi di tuo padre, ora!

LIVIA. Di *mio* padre.

LEONARDO (*smarrito nell'eccitazione*). Oh, oh... io parlo

con te... di queste cose... Perdonami! perdonami! Perdo la testa!

Livia. E vuoi seguitare cosí?

Leonardo. Perdonami, perdonami... Come, altrimenti?
Appunto perciò t'ho detto che è il mio supplizio.

Livia. Ma se lei ha potuto proporti di abbandonare la
figlia...

Leonardo. Sí. Ma come l'abbandono?

Livia. Aspetta. Non ti dico d'abbandonarla. Lo sai. Voglio sapere se...

Leonardo. Livia? Tu mi perdoni?

Livia. Aspetta, aspetta. Dimmi questo: Ti vuole... ti
vuole bene, molto la... la bambina?

Leonardo. Perché?

Livia. Rispondi. Vuole piú bene a te o alla madre?

Leonardo. Non so...

Livia. Di piú alla madre?

Leonardo. Sí, forse...

Livia. Perché tu non le sei tanto vicino!

Leonardo. Certo, sí... per questo...

Livia. Ma se potessi invece averla sempre con te...

Leonardo. Dove?

Livia. Ma dico con te!

Leonardo. Se fosse nostra, dici? Ah, non me lo dire!
Qua, alla luce... Come sarei felice! E lei, anche lei,
la bambina...

Livia. Ah, sí? Senza la madre?

Leonardo. No, dico, se fosse tua! Se fosse tua, Livia!

Livia (*oscurandosi e irrigidendosi come per un brivido spasi-
moso*). Potrei... sí, potrei anch'io volerle bene...

Leonardo. Perché tu sei buona, lo so! tanto... tanto...
Oh, Livia... Tu mi hai perdonato, è vero? Mi perdoni?

Livia. Sí... zitto... dimmi... dimmi...

Leonardo. Quanto t'ho fatto soffrire! E ancora... Ma
non ho potuto esaurire la tua bontà...

Livia. Basta, basta... ti prego... dimmi...

LEONARDO (*seguitando, con foga*). Mi raccogli dall'abisso
in cui sono caduto, per ricondurmi qua, presso te,
buona, come a un rifugio di pace. Oh, Livia, e qua,
anch'io, come te, l'ho desiderata, sai, l'ho immaginata... l'ho sognata tante volte qua, nella nostra casa...
e che strazio!

LIVIA (*con un che di felino involontario, quasi per accendere di
più lo strazio di lui e illuminare il suo*). È bella?

LEONARDO. Sí, tanto...

LIVIA. Come si chiama?

LEONARDO. Dina.

LIVIA. Parla?

LEONARDO. Parla, sí...

LIVIA. È bionda, è vero? Me la immagino bionda...

LEONARDO. Sí, sí, bionda... una testolina d'oro...

LIVIA (*si torce all'improvviso, quasi spremendosi, dentro, il
cuore*). Ah, nostra!

> *E si copre il volto con le mani.*

LEONARDO (*con impeto*). No, no... Povera Livia! È troppo, è troppo crudele... Perdonami... perdonami.

> *L'abbraccia, le carezza i capelli, appassionatamente.*

LIVIA (*sentendosi mancare sotto la carezza, ma dominandosi a
un tratto e quasi irrigidendosi imperiosa*). Qua tu non puoi
più rimanere, ora.

> *Seguita la concitazione d'entrambi per tutta la scena, ra-
> pidissima fino alla fine.*

LEONARDO (*vinto, ebbro dalla passione*). No? Perché?

LIVIA. Non voglio, non voglio.

LEONARDO. Ma non mi hai perdonato?

LIVIA. Sí, sí, ma ora devi andare... via! via!

LEONARDO. Non mi vuoi? non mi vuoi? Perché?

LIVIA. No, no... Leonardo, va'! Qua tu non puoi più
rimanere come prima.

LEONARDO. Se tu mi hai veramente perdonato...

LIVIA. Proprio per questo... Va'...

LEONARDO. Ma io ti giuro, Livia...

LIVIA (*forte, staccatamente*). No! Due case, no! Io qua e tua figlia là, no!

LEONARDO. E allora?

LIVIA. Allora... chi sa! Lasciami.

LEONARDO. Ma che pensi? Che vuoi dirmi?

LIVIA. Lasciami per ora... Vattene!

LEONARDO. Ma io non posso, se tu non mi dici...

LIVIA. Non posso dirti nulla. Ti dico soltanto: Vattene, per ora... Lasciami pensare. So quello che tu desideri...

LEONARDO. Te! te! Non desidero che te. Livia! Non desidero più altro che te!

LIVIA. Come? E tua figlia?

LEONARDO. No, te! te, soltanto!

LIVIA. Lasciami... basta... no... te ne scongiuro, Leonardo! Basta.

Svincolandosi.

LEONARDO. Neanche il segno del tuo perdono?

LIVIA. No. Addio!

Gli porge la mano.

LEONARDO. Così?

LIVIA. Sí. Basta. Te ne prego... te ne prego...

LEONARDO. Io non t'intendo...

LIVIA. Devi intenderlo. Così, né tu né io possiamo ora rimanere, è vero?

LEONARDO. E come, allora? Dimmelo!

LIVIA. Chi sa! Lasciami riflettere... Addio!

Leonardo le bacia forte, a lungo, la mano; poi le chiede con gli occhi un altro bacio. Livia risolutamente:

No. Va', va'...

Leonardo esce. Livia, appena sola, alza il volto raggiante; ma subito dopo, vinta dall'intensa commozione, si nasconde il volto con le mani, cade a sedere, scoppia in pianto.

TELA

Atto terzo

In casa di Elena. Umile stanza, destinata a più usi. Due finestre laterali a destra, guarnite di vecchie tende; uscio comune in fondo; usciolo laterale a sinistra. Un canapè d'antica foggia, qualche poltroncina, sedie impagliate, una credenza, un tavolino, uno scaffale con poca terraglia, uno stipetto, un telajo, ecc.

Elena sta seduta presso la finestra in fondo e cuce. Dina le siede vicino su la sua sediolina.

DINA. E quando verrà?

ELENA. Adesso. Era già venuto. Tu dormivi. È andato a comperarti una bella cosa.

DINA. Che cosa?

ELENA. Che volevi tu l'altro giorno? Che hai detto a babbo che ti portasse?

DINA. La bambola, grossa grossa, così.

ELENA. Non è vero. Gli hai detto la scatola con gli alberetti.

DINA. E le *memmelle*.

ELENA. Le pecorelle, sí.

DINA. E la casina.

ELENA. Sí. Per fare la campagna.

DINA. Mamma, raccontami la campagna.

ELENA (*con pazienza, ma distratta, e con quel tono da cantilena con cui si dice una cosa già tante volte ripetuta*). Nella campagna c'è tanti fiorellini...

DINA. Rossi.

ELENA. Rossi. Ci sono poi gli alberi...

DINA. Gialli. Fiorellini gialli...

ELENA. Sí, anche gialli.

DINA. Le farfallette...

ELENA. Ah, già. Su i fiorellini si posano le farfallette...
   Vedi, cara, lo sai meglio di me!

DINA. E come fanno gli uccellini?

ELENA. Cantano.

DINA. Fanno, *cĭo, cĭo*...

ELENA. Cosí.

DINA. Nel nido?

ELENA. Sí. Aspettano che la mamma rechi loro l'im-
   beccata.

DINA. Hanno fame?

ELENA. Fame, sí.

DINA. Non si dice fame. Appetito.

ELENA (*ridendo e baciandola*). Cara, gli uccellini, no: hanno fame, non hanno appetito.

Si sente sonare alla porta interna.

DINA. Ecco babbo!

ELENA (*alzandosi, senza deporre il cucito*). Sí, vedi? Ha
   fatto presto.

DINA. Vado io! Apro io!

Corre.

ELENA. Bada. Su la punta dei piedini... Piano... piano...

*Dina, via di corsa per l'uscio in fondo. Pausa prolungata.
Elena rimasta a cucire in piedi, non vedendo ritornare la
piccina, domanda:*

Chi è? Leonardo?

*Sù la soglia si mostra Livia Arciani, che tiene per mano
Dina, la quale la guarda ammirata e confusa.*

LIVIA. Permesso?

ELENA. Scusi... lei?

LIVIA. Sono Livia Arciani.

ELENA. Voi? — Qua, Dina! Vieni qua! Vieni qua!

LIVIA (*spingendo piano, delicatamente con la mano la piccina
   verso la madre*). Eccola, non temete...

ELENA. Ma come? Voi qua? Che volete da me?

LIVIA. Ho bisogno di parlarvi.

ELENA. Parlare con me? Ma... io non so... Forse per
conto di lui?

LIVIA. Non per conto di lui. Con voi.

ELENA. E... e a quale scopo? Oh! se ha fatto questo...
è indegno! Vi assicuro, signora, è indegno! Poteva
risparmiarvi, e risparmiare a me, quest'incontro pe-
noso... e inutile.

LIVIA. Sospettate sul serio che m'abbia mandata lui?

ELENA. Ma sí, scusate! E non ne vedo la ragione, perché io stessa...

*Livia pietosamente, con gli occhi e appena con la mano,
accenna alla bambina che sta a sentire. Elena dapprima stordita, ma poi comprendendo il cenno e chinandosi su Dina:*

Sí... ah! è brutto... Ma permettete ch'io mi ritiri con
lei...

S'avvia verso l'uscio a sinistra.

LIVIA. No, vi prego: con voi debbo parlare. Il vostro
sospetto è ingiusto. Ve lo dimostro, se mi lasciate
parlare.

ELENA (*a Dina*). Va' di là, cara, senti? Va' di là. Adesso
mamma viene.

Accompagna la piccina all'uscio a sinistra: lo richiude.

LIVIA. Intendo l'agitazione, la pena che la mia presenza deve cagionarvi. Ma invece d'ispirarvi un sospetto
che non regge — ve n'accorgerete — vi dicano la violenza che ho dovuto fare a me stessa per venire da voi.

ELENA. Lo credo; ma potevate risparmiarvela, signora.

Livia fa cenno di no, col capo.

Sí, vi giuro; perché lealmente, vi giuro, io stessa...

LIVIA. Non basta. So quello che volete dire. Non basta.
Ve lo farò riconoscere. Ma permettete... permettete
ch'io segga...

ELENA (*premurosa, offrendole da sedere*). Sí, ecco, sedete,
sedete.

*Livia s'abbandona a sedere; china il capo; si reca una
mano alla fronte.*

Voi soffrite...

LIVIA. Sí. A parlare sopratutto. È uno sforzo... come...
come se a ogni parola mi si debba staccare il cuore...

ELENA. Oh, comprendo...

LIVIA. Forse no. Lo sforzo è... perché non trovo piú...
non sento come mia la mia voce... un tono che mi
sembri giusto. Non potete intendere. Ho troppo...
troppo taciuto; e, nel silenzio, troppo ascoltato la ragione degli altri... la vostra.

ELENA. Ma io...

LIVIA. Non credetemi capace di prestarmi a rappre-
sentare la parte che voi avete sospettato.

ELENA (*guardando verso l'uscio in fondo*). Vedo che egli
non ritorna...

LIVIA (*colpita*). Qua?

ELENA. Sí, e vedo che siete venuta voi in sua vece...

LIVIA. Io l'ho visto uscire di qua, pochi momenti or
sono.

ELENA. Sí. Con una scusa. Proprio con una scusa; fingendo d'aver dimenticato di comperare un giocat-
tolo alla bambina.

LIVIA. Ma dunque deve ritornare?

Si alza costernata.

ELENA (*con foga*). No, no, state certa, state tranquilla,
né ora né mai, signora! Non ritornerà piú! E da me
non avrà piú nessuna molestia: potete dirglielo! E
basta. Basta per me e per voi, signora.

LIVIA. Ma, Dio, ma questa agitazione mia, dunque,
quello che ho finito or ora di dirvi, non vi tolgono
ancora il sospetto d'un ridicolo accordo tra me e lui?
L'ho visto entrare, vi dico; poi uscire. Non potevo
supporre che dovesse ritornare.

ELENA. Dovrebbe già esser qui...

LIVIA. Sarà meglio allora ch'io me ne vada. Non potrei parlare con voi, lui presente, come mi ero proposto. Ero venuta per parlare *da sola* con voi... Non potreste impedire, in qualche modo?

ELENA. Non so... non saprei... se veramente deve ritornare... Ma se voi volete andare, state sicura che questa sarà l'ultima volta che egli viene qua. Ve lo giuro su quello che ho di piú caro.

LIVIA. Non è questo. Me l'avete detto e ripetuto. Non dubito della vostra parola. Già conoscevo la vostra intenzione. E sono venuta anzi apposta per dirvi che non è possibile.

ELENA. Come!

LIVIA. Non si tratta di questo!

ELENA. E di che altro allora?

LIVIA. Ve lo dirò. Pazienza s'egli mi troverà qui. Sara piú difficile per me, e anche per voi con lui presente. Ma spero che anch'egli si persuaderà con voi.

ELENA. Non comprendo piú, proprio, quello che voi vogliate da me.

LIVIA. Veramente, con la sola ragione non potrete, forse. Dovrei farlo sentire al vostro cuore, che forse comprenderà... non subito, certo; ma forse quando la ragione avrà finito di gridare contro di me. Ecco, sí. Allora sí, spero che il vostro cuore stesso v'imporrà una sua piú profonda ragione, non piú contro me, ma contro voi stessa. A voi e a lui l'imporrà. Perché già a me l'ha imposta da tanto tempo. Ascoltatemi con pazienza, e credete, già lo vedete, non ho nessun sentimento contrario per voi. La ragione per cui sono venuta senz'astio, senz'odio, è piú crudele, certo dell'odio stesso, per voi. Ma non l'ho voluta io, non l'ho imposta io, questa ragione. Vi dite disposta, è vero? a troncare questa relazione?

ELENA. Sí, da un pezzo! Ma nessuna relazione piú, già da un pezzo...

LIVIA. Lo so...

ELENA. E per me, veramente... Voi mi vedete, signora.

Quando una donna si riduce cosí... Non potete giudicare forse, perché non mi avete conosciuta prima... dico prima che tante sventure, un matrimonio disgraziato, la miseria, la morte di mio marito mi... mi distruggessero cosí. Ho potuto chiedere ajuto... ajuto di denaro all'uomo che mi conobbe un'altra! Voi lo sapete...

Livia. Sí, sí, so tutto.

Elena. Ch'ero stata sua fidanzata?

Livia. Sí.

Elena. E che ruppi io, allora, il fidanzamento? Io, per niente, per un puntiglio, per orgoglio... perché non tolleravo nulla. Ebbene, a tutti tranne che a lui avrei dovuto chiedere ajuto! Se l'ho chiesto a lui, signora, potete esser sicura che nulla piú di vivo poteva esserci in me, da farmi provare poi un piacere in ciò che, all'incontro con lui dopo tanti anni, purtroppo è seguito. Come, io stessa non lo so. Forse perché ciò che fummo, rimane sepolto in noi. In un momento, dagli occhi che s'incontrano, può essere rievocato. Illusione d'un momento. Che gioja può dare ciò che è morto da tanto tempo, schiacciato sotto il peso dell'avvilimento, dei bisogni, della stanchezza? Tutto finito, quasi prima di cominciare. Se non si fosse dato il caso... la sciagura piú grande... quella bambina...

Livia. Ecco. La bambina.

Elena. Ma da un pezzo, vi dico, io stessa, tante volte, tante volte gli ho proposto di finirla.

Livia. E come? Avete ricordato la bambina? Come dite ora finirla?

Elena. Perché? Io non so... dico finirla, come si finisce... non vederci piú...

Livia. Ma dunque pretendete?...

Elena (subito). Nulla! Vi assicuro. Proprio nulla! Non pretendo nulla io...

LIVIA. Vi pare cosí. Ma come non pretendete nulla? Pretendete da lui, invece, l'impossibile.

ELENA. Perché? Io non so... Se egli vuole...

LIVIA (*pronta*). Vuole... che può voler lui? Riconciliarsi con me? Questo sí, lo vuole. Ma voi appunto glie-l'impedite.

ELENA. No! io, no! Io, anzi...

LIVIA. Aspettate. Lasciatemi dire. Non pretendete da lui un sacrifizio, che certo voi, da parte vostra, non vi sentireste di fare? Sarebbe possibile a voi rinunziare...

ELENA. Ma sí! A tutto!

LIVIA. Alla figlia?

ELENA. No! Che c'entra mia figlia? Io dico che rinunzio a tutto, appunto per questo. Non voglio nulla; mi tengo mia figlia; me n'andrò via di qua, lontano; e basta! Dite di no? Egli si riconcilia con voi... Non basta? E che altro vorreste?

Si alza, torbida, guatandola.

Che vorreste voi dunque da me? Siete forse venuta qua...?

LIVIA. Non vi turbate, non gridate cosí... Non voglio nulla...

ELENA. E perché allora siete venuta, appena egli è uscito, e sapete che deve ritornare?

LIVIA. Ma se vi ho detto che questo non lo sapevo!

ELENA. Lo sapete adesso!

LIVIA. Ancora il sospetto? Calmatevi, vi prego. Non vedete come sono davanti a voi?

ELENA. E perché? Che aspettate allora? Aspettate lui, per essere in due?

LIVIA. Ma no!

ELENA. Andate allora! Andate... Che sperate? La mia bambina? Io griderò ajuto, signora!

LIVIA. Ma via, potete immaginare sul serio, ch'io voglia usarvi una tale violenza? Sono una povera donna come voi...

ELENA. Ditemi subito allora che volete, che siete venuta a fare qua!

LIVIA. Ecco. Sono venuta a dirvi... a dire a voi che vi dite pronta a rinunziare a tutto...

ELENA (*pronta, interrompendo*). Non alla figlia, però!

LIVIA. Eppure lo pretendete da lui!

ELENA. Ma no, non pretendo nulla io! Egli vuol riconciliarsi con voi? Ebbene, rinunzii lui!

LIVIA (*con forza*). Ma io non sono sua figlia. E io sola, vi faccio osservare, io sola finora, *veramente*, ho rinunziato a qualche cosa, a ogni mio diritto sull'uomo che voi mi avete preso. Volete sapere perché? Ecco, sono venuta appunto per questo, per dirvi questo. Perché so bene che c'è qualcosa qua, più forte d'ogni mio diritto.

ELENA. Dite la bambina?

LIVIA. La bambina, appunto.

ELENA. E non ho diritto io su la mia bambina?

LIVIA. Ma certo! Chi può negarvelo? Il vostro diritto di madre. Ma non dovete guardare a questo soltanto, come io non guardo più al mio, di moglie. Pensate che voi dite *mia* figlia, è vero? come se fosse vostra soltanto. Ma anche lui dice *mia* figlia, e con lo stesso vostro diritto.

ELENA. E che pretendete con ciò? Che intendete dire? Parlate chiaro! Ch'egli vorrebbe sua figlia? E ha mandato voi qua per farsela dare?

LIVIA. Ma no che non vuole! Non può volerlo... finché non volete voi!

ELENA. Ah, dunque sperate ch'io voglia? Che ve la dia io, mia figlia? Siete venuta per persuadermi a darvela? Ma voi siete pazza, signora! Vi apparterrà lui: la figlia mia non v'appartiene!

LIVIA. Mi dite questo, come se io non fossi qua, appunto perché capisco questo! Ma io vi dico di più: che

non m'appartiene *neanche lui*, finché appartiene qua
alla figlia che voi, a tradimento, gli avete data e che
io non ho potuto dargli. Che volete di piú da me?
Se appunto perché non è *mia*, vostra figlia; se appunto perché vostra figlia non m'appartiene, io ho rinunziato a ogni mio diritto di moglie, e riconosciu-
to che sopra a questo diritto, voi, qua, con la bambina, avete dato a lui un dovere piú forte? Dico *un dovere*, badate! Ascoltatemi, per carità. Voi non potete ascoltarmi, lo capisco. Ma restate ferma nella vostra volontà di tenervi la bambina; va bene? E tro-
vate la calma in questa volontà per ascoltare una voce che ancora non avete udito. Non la mia! Non vedete in me la moglie, una nemica! Qui c'è una necessità, che ormai s'impone a tutti, e nega a tutti
ogni diritto: il mio; quello che può aver lui su la sua
bambina; quello che avete voi; per farci considerare invece il dovere, il dovere che ha lui verso la
bambina, e il vostro, e il sacrifizio che questo dovere
impone a tutti; anche a me, appunto perché l'ho ri-
conosciuto. Ammetterete che io mi sono sacrifica-
ta per tanti anni, in silenzio, perché voi siete venuta
a togliermi la pace. Ma ora è venuta la volta di voi
due. Spontaneamente, no, certo: ma o lui o voi dovete pur fare il sacrifizio.

ELENA. Lui. Ve l'ho detto. Si riconcilia con voi. Lo
faccia lui, per voi. Io resto con mia figlia.

LIVIA. Questo, vedete, se si trattasse di scegliere tra me
e voi. Ma non si tratta di noi, come non si tratta
di lui, del suo bene. D'un sacrifizio, qui si tratta,
ch'egli non può fare...

ELENA (*interrompendo*). E vorreste che lo facessi io?

LIVIA. Aspettate; dico che lui non può farlo, precisa-
mente come non potete farlo voi, finché vedete me,
lui, voi stessa, il vostro affetto...

ELENA. E come no? Il mio affetto... Non dovrei vedere
il mio affetto per mia figlia?

LIVIA. Finché lo vedete, io dico, come *un bene per voi*, e non per vostra figlia; finché insomma non considerate quale sacrifizio, se quello del padre cioè o il vostro, sia piú utile per il bene, per l'avvenire della vostra bambina.

ELENA. Ma che dite? Come c'entra questo? Mia figlia... E potrebbe mia figlia aver bene senza di me? Via! Lasciate stare la bambina, non mi parlate del suo bene! Voi volete riavere vostro marito. Dite cosí. Siate sincera!

LIVIA. Non pretenderei nulla, oltre quello che mi spetta, se mai. Ma non è vero, non lo pretendo, perché so di non poterlo pretendere, se egli ha qua con voi la figlia, che non può lasciare. Non è piú soltanto mio marito, per me, se poi è padre qua.

ELENA. Ma io sono la madre!

LIVIA. Certo! E come voi amate la vostra figliuola anche lui la ama, e anche lui vorrebbe averla con sé, come volete averla voi. I vostri diritti sono pari, vedete? finché si parla di diritti. E appunto perché il suo è pari al vostro, egli deve stare con voi qua, dov'è sua figlia.

ELENA. Perché stare con me? Può venire qua a vederla! Verrà per sua figlia. V'ho detto che non viene piú che per lei. Potete star sicura.

LIVIA. Potrei, sí, potrei anche star sicura. Ma vedete che cosí non si risolve nulla.

ELENA. E che volete da me? Niente, allora! Non si risolva nulla. La bambina è qua. Se egli vuole, venga e la veda. Ma la bambina deve stare con me. Gliel'impedirete voi, non io!

LIVIA. Ma non capite che il male è questo? Il vero, l'unico male che voi due avete fatto, non a me; lasciate star me; ma alla vostra stessa bambina, nata qua, dalla vostra colpa? Questo male appunto, questo, d'esser lui padre e voi madre, questo, vuole ora un acrifizio che nessuno dei due vuol fare; non per me, non per me, io non parlo per me; io mi sono messa da parte; ma per la vostra bambina! Considerate che cosa varrebbe il sacrifizio di lui, ammesso ch'egli volesse farlo, che cosa varrebbe per il bene di lei, che dovrebbe pure essere il vostro e il suo bene!

ELENA. Vi preme dunque tanto il bene della mia bambina? Piú che a me, piú che a lui! È curioso! Voi volete per forza un sacrifizio che pure vedete impossibile per lui e per me. Dite ch'egli non può o non vuol farlo, e volete che lo faccia io... Ma come? E poi perché, questo sacrifizio, se tutto finisce? Voi vi potete ripigliare vostro marito. Io ho la bambina; non voglio nulla; non chiedo nulla. Se egli vuole qualche volta, può venire a vederla, e basta. Il bene della bambina? Ma lasciate stare, vi ripeto! Ci penso io! Perché volete darvi questo pensiero?

LIVIA. Ma se per lei ho sofferto il supplizio piú crudele che una donna possa soffrire!

ELENA. Perché non avete figli, voi?

LIVIA. Per questo, sí, sí, per questo! Lo sapete dire!

ELENA. Non avete figli e vorreste la mia? Dovreste esser voi la mamma?

LIVIA. Io? La mamma? Che dite! Come lo dite? Ma sarei la schiava, io, della vostra bambina! non la mamma! Non capite ancora, non sentite, che sono qua vinta davanti a voi? Che vincete voi, se fate il sacrifizio; voi, non in voi stessa, ma in ciò che dovrebbe starvi piú a cuore: la vostra bambina? la vostra bambina che m'avrebbe schiava, in continua adorazione; perché è lei sola, lei sola che mi manca; e tutta me stessa, io le darei, e avrebbe tutto, tutto con me, un nome, il nome di suo padre, e uscirebbe da quest'ómbra, e l'avvenire piú bello avrebbe; un avvenire che voi, perdonate, con tutto il vostro amore non potreste mai darle!

ELENA. Oh Dio... oh Dio... ma è una follia questa! La

volete *voi*, dunque, *voi*, mia figlia? per *voi* la volete,
non per lui?

LIVIA. Ma perché non voglio lui, il marito, io! Io ho
sofferto per lui, padre qua! E soltanto per questo
ho avuto considerazione, tanta, che ve l'ho lasciato
qua, e sono pronta a lasciarvelo ancora. Qua, qua
con voi, sí! Il padre, il padre voi dovete darmi, perché
egli ora con me non può piú ritornare se non cosí,
padre! Vi sembra una follia questa? Non sono folle,
no; e se pure fossi, chi m'avrebbe fatto impazzire?
Vorreste fare come se tutto ciò che è accaduto non
fosse accaduto? Come se non l'aveste commesso il delitto di prendere a una donna il marito, e di dare
a questo marito una figlia? Per me è questo il delitto! Voi mi volete ridare il marito, ora. Ma non
potete piú, perché egli non è piú soltanto mio marito
ora; è padre qua, lo capite? e questo, questo soltanto
io voglio; perché possa dargli a mia volta tutto quello
che ho, per la sua bambina: tutta me stessa alla sua
bambina, per cui ho pianto e mi sono straziata; e
io sola, io sola potrò dare a lei quello che voi non
potrete mai: la luce vera, la ricchezza, il nome di
suo padre!

ELENA. Voi farneticate, signora! Le ho dato la vita, io,
il mio sangue, il mio latte le ho dato! Come non
pensate a questo? È uscita dalle mie viscere! È mia!
È mia! Che crudeltà è la vostra? Venirmi a chiedere
un tale sacrifizio in nome del bene della mia figliuola?

Si ode dall'interno la voce di Leonardo.

LEONARDO (*dall'interno*). La porta aperta?

ELENA (*con un grido*). Ah, eccolo!

Chiamando, accorrendo:

Leonardo! Leonardo!

*Leonardo si presenta su la soglia con un involto in ma-
no. Elena afferrandolo per un braccio e additandogli Livia:*

Guarda! Guarda!

LEONARDO (*guardando, oppresso di stupore, Livia, scura, taciturna*). Tu Livia, qua?

ELENA. È venuta per levarmi Dina! La vuole!

LEONARDO. Ma come, Livia? Tu...

ELENA. Dice che non vuol te, ma lei! lei!

LEONARDO. Senza dirmi nulla... qua...

ELENA. Ma tu no, è vero? Tu no, tu non puoi volerlo!

LEONARDO. Zitta! Va', va' di là, tu.

A Livia:

Come hai potuto far questo?

ELENA. Sí, diglielo, diglielo che non è possibile, a lei che non sa che cosa voglia dire! Mi ha parlato del bene della bambina a costo del mio sacrifizio, come se io non fossi la madre. Diglielo tu! Che è una crudeltà!

LIVIA. La vostra; non la mia.

LEONARDO. No, Livia: ti prego! Va', va' tu. Andiamo via insieme...

LIVIA. Insieme, no: se non comprendi perché io sia venuta.

LEONARDO. Ma sí! Lo comprendo. Non posso però vederti qua!

ELENA. Non sperate di mettervi d'accordo, ora!

LEONARDO. La senti? Non è possibile! Come vuoi ch'ella ce la dia!

ELENA. Mai! mai! Griderò, badate, se non ve n'andate!

LEONARDO. Sta' zitta! — Livia, ti prego.

LIVIA. Necessità non ammette pentimento. Non mi pento d'esser venuta.

ELENA. È follia la vostra, non necessità! Crudeltà, crudeltà.

LIVIA. Incolpate a me la vostra colpa, che è stata per me assai piú crudele che non sia adesso la vostra sorte. Io vado. Ma pensate che l'unica soluzione, per quanto crudele, è questa che io sono venuta a proporvi.

ELENA. Per voi e per lui, oh sí, lo credo bene!

LIVIA. Non per me, per la vostra stessa figliuola.

ELENA. E io? Ma io? Voi vi mettete a posto tutti: tranquilli, felici, con la mia bambina. E come farò io qui sola? La senti? Come resterò io qui sola, senza Dina... senza Dinuccia mia... qui sola?

LEONARDO (*scattando*). No! no! Zitta! Basta! È mostruoso! Hai ragione! Non è possibile! Noi non possiamo separarci! Va', va', Livia, ti prego, va'.

ELENA. No: lei sola, no! Tu, tu con lei!

LIVIA (*fiera, scostando Leonardo*). Egli resta qua: dov'è sua figlia. Sola — poiché non volete restar voi — resterò io. Non potrete piú cosí negare il male che m'avete fatto, e che io volevo pagare col bene della vostra figliuola. Addio.

Esce. Leonardo si copre il volto con le mani. Pausa.

ELENA. Va', va' a raggiungerla...

LEONARDO (*con ira*). Zitta! È finita.

Altra pausa.

ELENA. Ma come potevo io?

LEONARDO. Basta, Elena! Capisci che in questo momento non posso piú sentirti parlare? T'ho dato ragione. Basta!

ELENA. Ma va' tu con lei, va', te ne supplico!

LEONARDO. Non l'hai sentita? Basta ora. Basta per sempre. È finito tutto.

ELENA. Ma perché lei... perché lei...

LEONARDO. Ti proibisco di parlarne ancora! Non voglio saper piú niente. È finito tutto. Basta.

Ancora una lunga pausa.

DINA (*dall'interno, dietro l'uscio a sinistra*). Babbo, apri! Sei venuto?

LEONARDO. La bambina!

ELENA (*balza, apre l'uscio; si toglie tra le braccia la bambina*).

Figlia mia! figlia mia! figlia mia! Ma che... ma che...
come potrei darvela?

DINA (*volgendosi al padre, tendendogli le braccia*). Babbo...
babbo...

ELENA. Vuoi andare col babbo tu?

DINA. Sí... babbo...

ELENA. Per sempre col babbo?

LEONARDO. Elena!

ELENA (*posando a terra la bambina e chinandosi su lei, senza lasciarla*). Senza la mamma? No, no, è vero? Dinuccia mia non può stare senza la mamma...

LEONARDO. Ma su, alzàti... Vedi? La fai piangere...

ELENA. È vero?

DINA. Babbo, e la campagna?

LEONARDO. Ah, la campagna, sí...

Prende dal tavolino l'involto.

Eccola qua, vedi? te l'ho portata... Una bella, bella
campagna...

DINA (*fremendo*). Sí... sí... a me! a me!

LEONARDO. Aspetta... vieni, vieni qua...

Svolge l'involto.

Con tante tante pecorelle, tanti alberetti...

Siede: si prende Dina tra la gambe; apre la scatola.

Adesso ti fo vedere... ecco...

DINA (*battendo le mani, convulsa*). Sí... sí... uh, quante
memmelle!

LEONARDO. Dieci! venti! E c'è anche l'erba... vedi?
vedi quanta?

DINA. Sí... sí...

LEONARDO. E adesso la stenderemo qua... qua, ecco,
dentro il coperchio, eh? e vi faremo reggere in piedi
tutte queste *memmelle* che si mangiano l'erba... Eh,
vuoi?

DINA. Sí, sí... E il pastore?

LEONARDO. Eccolo qua, il pastore... Vedi? col turbante...

DINA. *(delusa)*. Uh, senza gambe?

LEONARDO. Ma ha la tunica, vedi? Le gambe non si
vedono. È un pastore vecchio, che sente freddo... e
sta tutto coperto con questa tunica...

DINA. Brutto... Io lo volevo con le gambe, papà...

LEONARDO. Con le gambe... già... Ma vedi, ha il bastone...

DINA. Caccia le *memmelle*?

ELENA *(che sta seduta discosta, tutta aggruppata, con un go-
mito sul ginocchio e il pugno sotto il mento, gli occhi assorti, aguzzi nel vuoto)*. Diceva del nome, sai?

DINA. Con questo bastone le caccia?

LEONARDO *(cupo, a Elena)*. Che nome?

DINA. Papà, come le caccia?

ELENA. Che tu potresti darle il tuo nome...

DINA. L'ha su la spalla il bastone! Come fa a caccia-
re le *memmelle*?

LEONARDO. Ecco, cara, vedi? col bastone...

ELENA. Lei acconsentirebbe...

DINA. E dove lo metti, papà?

LEONARDO. Ah... Dove vuoi che lo metta?

DINA. Qua, qua dietro le *memmelle*... Uh, cascano, papà...
Questo è il cane?... Oh... il cane... guarda, papà...

LEONARDO. Sì, sì, il cane... Aspetta, ce ne dev'essere
un altro... Eccolo qua!

DINA. Bello, sì... Due! due!

ELENA. Ma, come? per adozione, è vero?

LEONARDO. Non tormentarmi, Elena! Basta, ti ho detto!

DINA *(sgomenta)*. Non me la vuoi fare la campagna, papà?

LEONARDO. Ma sì che te la voglio fare, come no? se
stiamo qua a farla... Una campagna ti farò... bella...
da starci dentro, da andarci a spasso e non pensare
più a niente, a niente. Ecco, con questi alberetti, vedi?

DINA. Oh, gli alberetti! E la casina... uh, due! due casine!

LEONARDO. Siamo ricchi, vedi! Due casine... E tutti
questi alberetti... e tante *memmelle*... due cani... il pastore...

DINA (*battendo le mani*). Siamo ricchi! siamo ricchi!

ELENA (*ferita dall'allusione, scoppiando a piangere*). Ricca...
sí, ricca... sarebbe ricca... Ma io?... ma io?...

LEONARDO. Che cos'è? Piangi? Io scherzo qua con la
bambina...

ELENA. Per avvelenarmi...

LEONARDO. Io? ho detto cosí per ischerzo, per rispon-
dere a Dina...

ELENA. L'ha detto *lei* che sarebbe ricca... e certo... con
che altri giocattoli... ricchi! ricchi! figuriamoci! la
faresti giocare tu, allora...

						S'appressa alla bambina.

Non piú con queste brutte *memmelle* qua, Didí, non
con questo pastore vecchio senza gambe... Li avresti
d'oro, Didí... ma non avresti piú la mamma... la
mamma tua...

LEONARDO. Vuoi finirla? Son discorsi codesti da fare
alla bambina? Io sto scherzando... Vieni qua, Dina.

						Si prende la bambina.

Vieni qua; la mamma è cattiva. Noi vogliamo fare
la campagna, qua, siedi... La stenderemo qua sul
tavolino... Vuoi stare in piedi su la seggiola? Ecco,
cosí... Qua sul tavolino... l'erba... le due casine... un
cane lo mettiamo qui di guardia, vuoi?...

DINA. Sí... sí... che abbaja...

ELENA. Vuol essere questo, lo so, d'ora in poi, il vostro
disegno... Farmi sentire questo peso... stancarmi...
schiacciarmi...

LEONARDO (*a Dina*). Ecco, vedi... qua le *memmelle*, in
fila, quattro dietro, tre avanti, poi altre due, e una
avanti a tutte, che apre la marcia... no, aspetta: il
cane... l'altro cane avanti a tutte... cosí? eh? il cane
apre la marcia...

DINA. Col pastore!

LEONARDO. No, il pastore dietro... Cosí...

DINA. E gli alberetti ora!

LEONARDO. Ora metteremo gli alberetti...

ELENA. Oppure quell'altro disegno... Era perfetto! L'aria di sacrificarsi... di rinunziare a tutto... Stavo ancora a sentire che cosa volesse... Non voleva niente, e voleva tutto!

LEONARDO (*a Dina*). Ecco fatto... vedi? Tutto a posto ora...

> *Poi a Elena, calmo, piano, volgendosi appena:*

E chi voleva tutto, che ha avuto poi? Come se n'è andata, chi voleva tutto?

ELENA. Ma perché non te ne vai tu con lei? Io voglio che tu te ne vada! Te l'ho detto, te n'ho supplicato! Non posso vederti qua! Non lo capisci? Non voglio! Vattene! Vattene!

LEONARDO (*fosco, balzando in piedi*). Ah, perdio! Ancora?

> *Con scatto fulmineo, abbrancando la bambina:*

Mi dài Dina?

ELENA (*accorrendo per afferrarsi alla bambina*). No! Chè dici? No! no!

LEONARDO. E allora, smettila, scòstati, e non arrischiarti di dirmi un'altra volta: vattene! Vattene vuol dire darmi la bambina!

ELENA. Mai! Mai!

LEONARDO. E allora zitta! Io sto qua.

> *Pausa.*

ELENA (*sordamente*). Cosí volete arrivarci...

LEONARDO. Sono arrivato da un pezzo io, cara mia! E non ho piú dove arrivare... Tu cominci a disperarti soltanto ora.

ELENA (*con impeto di rabbia*). Ma come posso darvela? Come posso darvela? Non posso!

LEONARDO. L'hai detto centomila volte! L'abbiamo inteso. Va bene. Restiamo cosí.

ELENA. Ah, cosí no! cosí no! Non è possibile! Questa è una disperazione!

LEONARDO. Ma la dài tu a me, la disperazione! Se l'ho cacciata via! Che vorresti di piú? Qua c'è Dina ora, per me e per te. Basta.

ELENA. Per me non c'è altri che Dina, ma per te c'è lei, che t'aspetta...

LEONARDO (con sdegno). M'aspetta?

ELENA. Sí, sperando ch'io mi stanchi di vederti qua... di soffrire la tua presenza... e che un giorno... — no, ch'io te la dia, no! — ma con la scusa di mandarla a spasso con te, qualche mattina te la lasci portar via... No, sai? Non la farò piú uscire con te... Non lo sperare...

LEONARDO. E va bene! Vuol dire che resteremo qua in prigione, Didí, senti? io e te, sempre... ti piace, eh?

L'abbraccia e si dondola con lei, scandendo le parole e quasi cantando:

In prigione... in prigione... in prigione con papà...

ELENA (risoluta al colmo della disperazione). Senti: io ora non posso; ma se tu te ne vai, ti prometto, ti giuro, che io stessa...

LEONARDO (interrompendo). No, cara, no. Niente promesse...

ELENA (seguitando). Ti giuro! appena ne avrò la forza, vedi... appena mi sarò convinta che veramente faccio il suo bene... te la porterò io stessa... io con le mie mani...

LEONARDO. Ma se già ne sei convinta!

ELENA. No! ora no! ora non posso! Ora tu vattene... vattene per carità... Appena potrò, te lo giuro!

LEONARDO. Ora o non piú, Elena! Dammela.

Prende la bambina.

È meglio per te!

ELENA. Ora no! ora non posso! Giú... lasciala!

LEONARDO. Non potrai piú! Non potrai mai!

ELENA. È vero! è vero!

Mostrandogli la bambina:

Ma come dunque, cosí?

LEONARDO. Cosí... che importa? cosí...

ELENA (*contendendogliela*). No... cosí no... aspetta... aspetta... un cappellino... il cappellino, il cappellino almeno... Voglio che sia bella... aspetta... aspetta...

Corre alla stanza a sinistra. Leonardo resta un momento, guarda obliquo, perplesso; poi, addietrando con la bambina in braccio, sparisce per l'uscio in fondo. Elena rientra col cappellino di Dinuccia in mano, vede la stanza vuota: non grida; comprende; poi corre alla finestra e vi si trattiene a lungo a guardare, a guardare; alla fine se ne ritrae muta, come insensata; mira con gli occhi attoniti, vani, la campagna della bimba stesa sul tavolino; siede presso il tavolino; s'accorge d'avere in mano il cappellino della bimba, lo contempla e rompe in singhiozzi disperati.

TELA

Di Luigi Pirandello potete leggere
nelle edizioni Mondadori

collezione I Meridiani

Tutti i romanzi (*2 voll.*)

collezione Classici contemporanei italiani

Maschere nude (*2 voll.*)
Novelle per un anno (*2 voll.*)
Saggi, poesie, scritti varii

collezione Gli Oscar

Il fu Mattia Pascal
Uno, nessuno e centomila
I vecchi e i giovani
Sei personaggi in cerca d'autore - Enrico IV
In silenzio
L'uomo solo
Candelora
La giara
Berecche e la guerra
Pensaci, Giacomino! - La ragione degli altri
Quando si è qualcuno - La favola del figlio
    cambiato - I giganti della montagna
Vestire gli ignudi - L'altro figlio - L'uomo dal fiore in bocca
Il berretto a sonagli - La giara - Il piacere dell'onestà
La signora Morli, una e due - All'uscita - L'imbecille - Cecè
La mosca
Liolà - Così è (se vi pare)
La morsa - Lumìe di Sicilia - Il dovere del medico
Questa sera si recita a soggetto - Trovarsi - Bellavita
La vita che ti diedi - Ciascuno a suo modo
L'innesto - La patente - L'uomo, la bestia e la virtù
La vita nuda
Il viaggio
Dal naso al cielo
Ma non è una cosa seria - Il giuoco delle parti
La nuova colonia - O di uno o di nessuno
Il turno
Lazzaro - Come tu mi vuoi

Diana e la Tuda - Sagra del Signore della Nave
Tutto per bene - Come prima, meglio di prima
L'amica delle mogli - Non si sa come - Sogno
    (ma forse no)
Tutt'e tre
La rallegrata
Una giornata
Scialle nero
L'esclusa
Il vecchio Dio
Donna Mimma
Giustino Roncella nato Boggiòlo
Quaderni di Serafino Gubbio operatore
Tutte le poesie
L'umorismo

Questo volume è stato ristampato
presso Arnoldo Mondadori Editore S.p.A.
Stabilimento Nuova Stampa Mondadori - Cles (TN)
Stampato in Italia - Printed in Italy

« Pensaci, Giacomino! »
« La ragione degli altri »
di Luigi Pirandello
Collezione Oscar Mondadori

Arnoldo Mondadori Editore S.p.A.